博士文库

—— 经济学 ——

不完全信息下的最优决策
——基于随机无序模型的投资决策问题

詹钥凇 ◎ 著

知识产权出版社
全国百佳图书出版单位
—北京—

图书在版编目（CIP）数据

不完全信息下的最优决策：基于随机无序模型的投资决策问题/詹钥淞著. —北京：知识产权出版社，2024.5

（经济学博士文库）

ISBN 978-7-5130-9276-0

Ⅰ．①不… Ⅱ．①詹… Ⅲ．①投资决策 Ⅳ．①F830.59

中国国家版本馆 CIP 数据核字（2024）第 030370 号

内容简介

随机无序模型是阿尔伯特·N.谢里亚夫（Albert N Shiryaev）提出的一个序贯检测方法，被运用于军工、气象、水利等领域。而在金融市场上，股票状态瞬息万变，十分考验投资者的专业判断能力。因此，本书尝试将随机无序模型引入投资决策当中，从数学统计的角度分析最优投资决策的方法，并通过三个实例分析，来阐述该模型的优越之处。

本书适合有一定数学统计基础、对投资事业感兴趣的读者阅读。

责任编辑：曹婧文　　　　　　　　　　　　　责任印制：孙婷婷

经济学博士文库
不完全信息下的最优决策——基于随机无序模型的投资决策问题
BUWANQUAN XINXI XIA DE ZUIYOU JUECE——JIYU SUIJI WUXU MOXING DE TOUZI JUECE WENTI

詹钥淞　著

出版发行：知识产权出版社 有限责任公司	网　　址：http://www.ipph.cn
电　　话：010－82004826	http://www.laichushu.com
社　　址：北京市海淀区气象路 50 号院	邮　　编：100081
责编电话：010－82000860 转 8763	责编邮箱：laichushu@cnipr.com
发行电话：010－82000860 转 8101	发行传真：010－82000893
印　　刷：北京中献拓方科技发展有限公司	经　　销：新华书店、各大网上书店及相关专业书店
开　　本：720mm×1000mm　1/16	印　　张：9.5
版　　次：2024 年 5 月第 1 版	印　　次：2024 年 5 月第 1 次印刷
字　　数：165 千字	定　　价：68.00 元
ISBN 978-7-5130-9276-0	

出版权专有　侵权必究

如有印装质量问题，本社负责调换。

前　言

　　市场的动态变化、信息披露的不完善和市场噪声的干扰，使得投资者往往难以获取完全信息，只能在获取信息不完全的情况下作出决策。一般而言，投资者仅通过资产收益的概率分布进行投资决策以最大化预期收益。例如，马科维茨提出的投资组合理论，是基于股票收益率的均值和协方差来构建最优投资组合。同样，莫顿问题也是考虑当风险资产价格服从几何布朗运动时，风险资产和无风险资产的最优分配比例。

　　但是在投资实践中，资产收益的概率分布可能会随时间发生改变，或者概率分布存在多种可能性，投资者也无法准确知道相关信息。那么在这样不完全信息的情况下，投资者的决策将会陷入一个两难的境地。一方面，投资者希望获取更多的信息来降低决策时犯错的概率，但这会延缓决策时机，错过可能的投资机会。另一方面，投资者可以尽快作出决策以把握机会，但是将会面临较高的犯错概率。所以为了研究在不完全信息下，投资者应该如何权衡选择，本书运用随机无序模型分析了不同情形下的最优投资决策问题。在随机无序模型中，投资者的决策目标是最小化犯错概率和时滞成本，这意味着最优决策将会是准确并且及时的。随机无序问题的求解需要构造后验概率过程，并将优化目标转化为最优停时问题，通过自由边界微分方程来得到最优决策的判别方法。

　　首先，本研究探索了股票动量效应和趋势交易上的投资决策问题。由于股票的动量效应和反转效应会交替出现，投资者需要根据股价趋势变化做出正确的投资决策才能获得超额收益。但是，股价趋势反转的时机对于投资者而言完全未知，股价趋势变化的相关信息也难以获取。所以，本研究运用随机无序模型来研究投资者在不完全信息下识别趋势变化的最优策略。运用带漂移项和跳跃过程的布朗运动对中国股票市场 5 分钟高频数据进行建模，利用漂移项系数来表示股价趋势。通过求解模型，可以计算出相应的 SR 统计量与最优边界。

投资者可以实时逐点计算当期统计量数值，并与最优边界比较，当大小首次超过最优边界时，便可以识别出股价趋势的变化。通过数值分析发现，漂移项系数和跳跃过程系数均与最优边界负相关，这意味着如果股票价格趋势特征和跳跃特征明显，投资者会容易识别出趋势变化。相反，波动项系数与最优边界正相关，表明如果股价波动越剧烈，那么判断趋势变化也就越困难。在实证分析中，考虑了趋势方向变化的四种情况，并选择了对应的样本区间进行研究。实证结果表明，随机无序模型能够及时准确地识别出股价趋势方向的变点。而当趋势方向没有发生改变时，模型也不会出现错误信号的情况。基于随机无序模型，进一步构建了趋势跟踪策略，并应用于沪深 300 指数、中证 500 指数和上证 50 指数，均有较好表现，收益显著超过均线策略和买入并持有策略。

然后，本研究分析了极端风险管理上的决策问题。股票收益率具有"尖峰厚尾"的特征，因此收益率的尾部行为对投资的风险管理格外重要。极值理论可以较为全面地刻画收益率尾部大小的概率分布情况，但是极端风险事件发生的频率同样也会影响到投资者所面临的损失。当极端风险出现频率升高时，投资者所面临的风险也就更大，但是投资者却无法知道极端风险事件的出现频率会在什么时候发生改变。因此，运用泊松过程上的随机无序模型，分析极端风险出现频率的变化。通过数值模拟，发现如果投资者预期频率变化前后差异较大，那么识别出变点的难度将更高，而如果投资者的时间成本较高，那么他会更倾向于尽早做出决策。选择 2010 年的后金融危机时期和 2015 年中国股市危机时期作为样本进行研究，实证结果表明，随机无序模型可以准确识别出极端风险事件发生频率的变化，并且也能够判断变化的方向。同时，比较频率变化前后极值的概率分布可以发现，当频率上升后，收益率极值分布会右偏且峰度升高，这说明出现大幅下跌的概率会增加，相应地，投资者的在险价值也会随之升高。经过稳健性分析发现，虽然投资者的预期会对随机无序模型的结果产生一定影响，但是并不显著。

最后，本研究从公司管理者的角度探索了股价波动与公司的投资决策之间的关系。根据股票市场的"反馈效应"，公司管理者可以从股票市场中获取额外信息来帮助他做出决策。如果股票市场表现出对公司前景的乐观态度，那么管理者将会扩大规模,扩张投资,进行股权融资。相反,如果股票市场对公司前景表现出悲观的情绪,那么管理者便会回购股票,缩减经营规模。但是,股票市场的参与者中有许多噪声交易者,公司股价的扰动会使管理者难以掌握市场上的准确信息。所以,本研究运用三种备择假设下的随机无序模型来对企业管理者的投资决策开展研究。假设企业管理者只知道公司股价可能存在三种状态:第一种是长期趋势上涨,意味着市场上的投资者对公司的未来的态度是相对乐观的,管理者会采取激进的投资策略;第二种是,横盘整理,意味着市场上的投资者对公司未来持中立态度,那么管理者便会采取稳健的投资策略;第三种是长期趋势下跌,说明市场上的投资者对公司未来持悲观态度,所以管理者会采取保守的投资策略。不同投资策略的预期收益不同,管理者需要从股价波动中挖掘出市场的真实态度,以此决定将要采取的投资策略。通过求解随机无序模型,可以构造多个区域以对应不同的市场态度,当公司股价首次进入其中一个区域时,管理者就能够判断出市场对公司的看法,从而选择合适的投资策略。经过数值分析,发现公司股价收益率的方差越高,管理者将越难判断股价所处的状态。而如果某类投资策略的预期收益越高,那么管理者会更倾向于作出有利于选择该项策略的判断。本研究以公司定向增发股票来标志公司采取激进型投资策略,发现在定向增发预案公告前,公司股价的异常超额累计收益显著大于 0。并且样本内有 67%的公司股价进入到随机无序模型划分出的上涨区域中,而这些公司在预案公告后一年的股票收益也显著高于其他公司。

目　　录

第1章　绪论 ·· 001
　1.1　研究背景 ·· 001
　1.2　研究动机 ·· 003
　1.3　研究内容与创新之处 ·· 004
　1.4　研究方法 ·· 007

第2章　文献综述 ·· 008
　2.1　随机无序模型的文献综述 ······································ 008
　2.2　股票动量效应和趋势交易的文献综述 ···························· 010
　2.3　市场极端风险的文献综述 ······································ 014
　2.4　股价与企业投融资决策的文献综述 ······························ 016

第3章　随机无序模型 ·· 019
　3.1　随机无序问题的概率模型 ······································ 019
　3.2　随机无序模型的求解 ·· 022
　3.3　附录 ·· 031

第4章　高频数据下的股价趋势分析及投资策略 ······················ 034
　4.1　引言 ·· 034
　4.2　模型设定及求解 ·· 036
　4.3　数值分析 ·· 041
　4.4　实证研究 ·· 046
　4.5　基于随机无序模型的趋势跟踪策略 ······························ 059

4.6 小结 ··· 063

4.7 附录 ··· 064

第5章 股票市场极端风险管理研究 ··· 068

5.1 引言 ··· 068

5.2 极值理论 ··· 069

5.3 模型设定及求解 ··· 076

5.4 数值分析 ··· 084

5.5 实证研究 ··· 087

5.6 小结 ··· 097

5.7 附录 ··· 098

第6章 股价变动与公司投资决策 ·· 101

6.1 引言 ··· 101

6.2 模型设定及求解 ··· 103

6.3 数值分析 ··· 108

6.4 实证研究 ··· 117

6.5 小结 ··· 122

6.6 附录 ··· 123

第7章 结论与展望 ··· 130

7.1 研究结论 ··· 130

7.2 启示与展望 ··· 131

参考文献 ·· 133

第1章 绪　　论

1.1 研究背景

投资决策一般基于金融资产的相关信息，通常情况下，投资者只能掌握资产收益的概率分布情况，来进行决策，最大化期望收益。马科维茨（Markowitz，1968）提出的投资组合理论，便是基于单个股票收益率的均值方差及股票之间的协方差，来构建期望收益最大或者风险最小的投资策略。同样，莫顿问题（Merton，1975）也是研究当风险资产价格波动服从几何布朗运动时，应该如何分配风险资产、无风险资产和消费的比例。

但是，在投资实践中，即使是金融资产收益概率分布的相关信息，投资者也难以完全获取。这是因为资产收益的概率分布在时间跨度上并非一成不变，尤其是收益率的均值，会存在明显的时变特征。德邦特和席勒（De Bondt and Thaler，1985）发现的反转效应及丹尼尔和马科维茨（Daniel and Moskowitz，2016）提出的动量效应崩溃均表明，在历史上表现较好的股票在将来有可能表现得较差，这意味着股票收益的概率分布发生了改变。可是对于投资者而言，概率分布是否已经发生改变或者将在何时发生变化是难以获取的信息。投资者需要在资产收益分布动态变化的不完全信息下，进行最优的投资决策。

所以，投资者能否做出正确决策的关键，便在于能否准确地识别出资产收益概率分布的变化。例如在股票投资中，马科维茨等（Moskowitz, et al, 2012）发现的时间序列动量效应和赫希（Hirschey，2003）发现的时间序列动量反转，股票收益率的均值在时间序列上呈现周期性变化。如果投资者能够准确及时地找到收益率均值由正数（负数）转变为负数（正数），就可以把握时机高价（低价）卖出（买入）股票，获得可观的收益。股票投资中的择时策略与趋势跟踪策略也是基于这一原理。但是，要准确并且及时地找到概率分布的变点十分困难，因为股票价格的运动会受到扰动项的影响，那么如果股价在上涨趋势中出现了下跌，投资者很难判断这是概率分布发生了变化，还是股价的正常波动。德邦特和席勒（De Bondt and Thaler，1985）简单地假设了股票收益一定会发生变化，趋势一定反转，从而构建了"逆向策略"，但是马林和博尔姆霍尔特（Malin and Bornholt，2013）的论文检验了该策略在市场上的表现，并不能带来超额收益，相反当增强识别趋势变化的能力之后，该策略的收益得到了显著提升。这说明，在不完全信息下，投资决策的收益取决于识别分布变化的能力。

投资决策中风险管理同样有着十分重要的地位。2008 年美国爆发的次贷危机，导致全球股市暴跌，大量金融资产严重缩水。2015 年，中国股票市场的"股灾"，使得上海证券综合指数（以下简称"上证综指"）从 5100 点下跌至 2600 点，几近腰斩。所以市场上的投资者，都将风险管理视为至关重要的一项投资环节，以更好地应对突发的极端风险。股票资产的极端风险通常体现在收益率的尾部行为上。由于股票市场收益的概率分布往往不完全服从于正态分布，而是具有"尖峰厚尾"的特殊性质，所以大幅下跌或上涨的情形并不少见。风险价值模型（Value at Risk，VaR）是广泛应用的风险指标，用来衡量在一定概率下资产可能会面临的损失，用以刻画收益率的尾部行为（Jorion，1996）。而极值理论（Fisher and Tippett，1928）和超阈值理论的提出（Davison and Smith，1990）能更加精准地为极端风险进行建模。但回顾 2000 年至今的中国股票市场，极端风险事件的发生往往并不是均匀地分布在时间轴上，而是会出现明显的聚集特征。在 2007—2011 年、2015—2016 年，中国股票市场出现较大跌幅的情况比较频繁。相反，在 2016 年之后，市场的波动明显要缓和许多，即使处于下降趋势中，大幅下跌的情况出现的频率也更低。这说明，除了需要关注极端风险大小的性质外，还需要分析极端风险发生频率的变化，才能够更好地避免管理风险。即使极端风险的损失较小，但发生频率较高，同样也需要更高的风险管理水平。

企业的投资决策也依赖于决策者所掌握的信息。股票市场的重要功能之一便是信息的收集与传播，公司管理者可以通过公司股价的表现，获取额外信息，来帮助公司做出正确的投资决策（Hayek，1945）。公司管理者如果发现公司股价高估，会认为市场对自己的公司持乐观态度，从而采取股权融资扩大经营规模的投资策略。相反，如果股价低估，就会推断市场并不看好公司前景，所以将会采取回购股票，缩减经营规模的策略。但是，噪声交易者导致的市场波动会掩盖股票市场真正有价值的信息（Kyle，1985；Black，1986），那么公司管理者只能在不完全的股票市场信息下，做出最优的投资决策。能否挖掘出市场上公司股价所反映的准确信息，将影响公司投资决策的最终收益。

1.2 研究动机

由于投资者只能够在不完全信息下进行投资决策，因此收集市场上资产的交易信息，然后对资产背后的状态及其变化作出推断就显得格外重要。当投资者运用趋势跟踪策略进行股票投资时，需要根据股票成交价的变动情况，及时推断出股价趋势的变化，才能够实现低买高卖的策略，获取收益。在进行风险管理时，需要运用资产历史数据来推断极端风险发生频率的变化，以更好地应对风险。同样，公司管理者也需要关注公司股价的波动，进而过滤掉噪声与扰动，来推断市场投资者对公司经营前景的态度。

在现有的研究中，通过市场上资产的交易数据分析背后状态的变化，一般可以利用马尔科夫区制转换模型。但是，这类模型通常是事后分析，基于全样本的数据来划分资产在不同时期所处的状态。虽然模型的识别准确度较高，但是在投资者的决策实践中有一定的局限性。这是因为投资者在决策时不会获得全样本的数据，只能够根据截至决策时的部分数据来进行推断。

因此，投资者在不完全信息下进行决策时，就会面临一个两难问题。一方面，投资者为了降低决策时犯错的概率，会愿意多花些时间来获取更多的数据信息，但是这会导致决策时间过长，错过最佳的投资机会。另一方面，投资者为了把握投资机会而选择尽快决策，却有可能因掌握的信息不足，而犯错概率较高，甚至判断错误造成损失。比如，在进行趋势交易时，股票价格正处于上涨趋势，然后出现了一次大幅下跌。投资者此时需要考虑的决策便是分析股票价格的上涨趋势是否结束，是否需要卖出股票。投资者可以选择立即卖出股票，控制损失，保留收益。但这种选择面临的风险便是此次下跌是正常波动，之后股价会继续上涨，投资者将会错失更多可能的收益。相反，投资者若选择继续持有股票，观察之后股价的变动，以避免过早卖出股票，而这样的决策也会面临股价接连下跌产生更多损失的风险。

为了解决上述决策时的两难问题，本研究将运用谢里亚夫（Shiryaev, 2019）提出的随机无序模型，来研究不完全信息下的投资决策。在随机无序模型中，目标函数既包含了投资者决策时犯错的概率，也包含了决策过晚所带来的滞后成本，投资者的目标便是尽可能降低犯错概率和减少滞后成本。本研究将运用随机无序模型分析股票的趋势变化，研究投资者根据股价数据进行投资的决策过程，从而得到识别股价趋势变化的最优决策方法。在极端风险管理上，运用随机无序模型分析极端风险发生的频率，结合极值理论，完善风险管理措施，以提高抵御风险的能力。在企业投资上，随机无序模型也能够研究股价波动与企业投资决策之间的关系，研究管理者在不完全信息下如何从公司股价的波动中挖掘出有用信息，进而制定投资策略。

1.3　研究内容与创新之处

根据前述的研究背景和研究动机，本书的研究内容总结如图1.1所示。

在股票动量效应和趋势交易的研究上，本研究用带有漂移项的布朗运动对中国股票市场 5 分钟高频数据进行随机过程建模，利用漂移项系数表示股价的趋势。同时考虑到高频数据下，股价可能会出现跳跃，因此在随机过程模型中加入了跳跃过程。本书运用随机无序模型分析漂移项系数的变化，计算出了 Shiryaev-Roberts 统计量（SR 统计量）和对应的最优边界。当 SR 统计量首次超过最优边界时，便能够推断出价格过程的漂移项系数发生了改变，这意味着股价趋势将要变化。通过数值模拟分析，研究了模型中各个参数的影响，当漂移项系数越大，跳跃过程越明显的时候，可以更容易地识别出股价趋势的变化。相反，如果波动项系数越大，识别趋势变化的难度也就越高。同时，在数值模拟中也可以发现，如果趋势的变点位于样本中间时，随机无序模型的识别准确度较高，并且滞后的时间较短。如果变点处于样本前端，滞后时间较长。如果变点处于样本末尾，那么滞后时间较短，但是犯错概率更高。本研究选择了四个具有代表性的样本区间来进行实证研究，结果显示随机无序模型均能够有效且及时地识别出股价趋势的变化，而当股价趋势方向没有发生改变时，随机无序模型也不会出现错误的判断。在此基础上，构建了随机无序模型的趋势跟踪策略，并以沪深 300 指数、中证 500 指数和上证 50 指数作为实证资产。随机无序模型的趋势跟踪策略的收益表现均超过了基准指数。该研究的创新之处在于，首先，将随机无序模型应用于带有跳跃的布朗运动过程，并且得到了推断漂移项系数变化的识别方法，并在不同市场环境下进行模拟分析，研究结果的统计性质。其次，运用随机无序模型研究中国股票市场的高频数据，分析牛市转变为熊市及熊市转变为牛市的情况下随机无序模型对趋势变点的识别能力，将随机无序模型从理论应用到投资实践中。最后，基于随机无序模型构建了趋势跟踪策略，结果显示基于随机无序模型构建的趋势跟踪策略有更好的表现，为研究时间序列上的动量效应和反转效应提供了新的思考方向。

在极端风险管理的研究上，本研究基于极值理论，将极端风险发生频率引入到极值模型中，构建了复合极值模型。首先基于极端风险发生频率的时变特征，用泊松过程来刻画极端风险事件的发生次数，并运用随机无序模型来研究其发生频率的变化。根据不同情况，分别求解出判断频率变化的统计量和阈值。本研究选择了上证综指两个样本区间进行实证分析，从随机无序模型的表现上来看，能够准确地识别出极端风险出现频率的变化，并且也能够判断频率变化的方向。然后，比较了频率变化前后，极值概率分布与在险价值（VaR）。结果表明，当频率升高时，极值的概率分布逐渐右偏，且峰度增大，在险价值也有所增加。而当频率降低后，极值概率分布的偏度减少，但是尾部增厚，在险价值有所减少。最后，分析了不同备择假设参数对变点估计的影响，发现投资者预期的频率变化越大，滞后时间也越长，但是影响有限。本研究的创新之处在于，将随机无序模型与复合极值理论相结合，提出了检验极端风险事件发生频率变化的方法，并通过模拟与实证研究验证了本理论模型方法，为风险管理增加了新的关注维度。

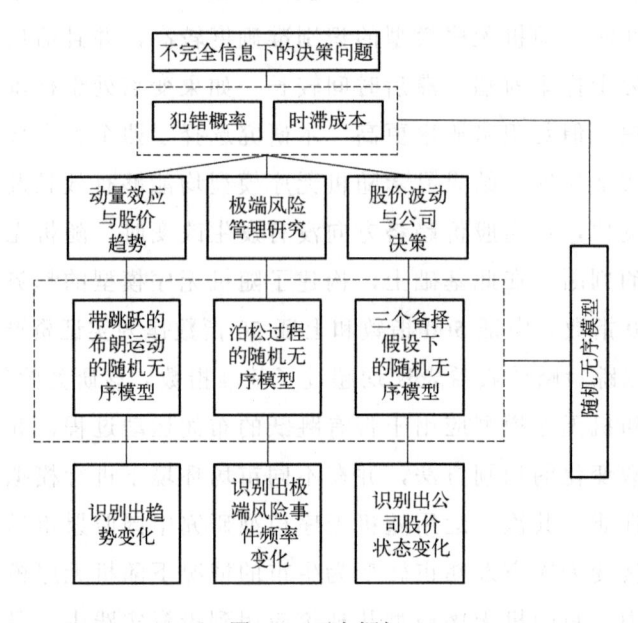

图 1.1　研究框架

在股价波动与公司投资决策的研究上，假设公司管理者认为公司股价的状态存在三种可能性，即长期趋势上涨、长期趋势下跌及横盘整理。管理者将会首先判断公司股价所处的状态，然后再决定公司的投资决策。本研究构造了三种备择假设下的随机无序模型，来研究管理者的投资决策。研究结果发现，当股价收益率的均值和方差都较高的时候，公司管理者需要观察到股价出现较大幅度的变化时，才能够判断长期趋势从而选择投资策略。同时，如果某一个投资策略预期收益增加，管理者会愿意缩短决策时间，尽可能早地选择相应的投资策略。通过对两支上市公司股票的实证研究，检验了模型对现实的解释力，并利用事件研究的方法验证了模型的假设和相关结论。本研究的创新之处在于，首先，首次运用随机无序模型来研究股价波动与公司投资决策之间的关系。构造并求解了三种备择假设下的随机无序模型,用来研究公司管理者从公司股价波动中获取信息并加以决策的过程。其次,具体分析了公司股价特征以及投资预期收益对公司管理者投资决策的影响。最后,通过个股研究和事件研究的实证分析进一步检测了随机无序模型的有效性,为研究市场的反馈效应与市场择时提供了新的思考角度。

1.4 研究方法

本研究采用的研究方法包括文献研究法、数学推导法、模拟分析法和实证分析法。在文献研究法上,收集并整理了随机无序模型相关文献,从文献中总结了随机无序模型的起源和发展,分析了现有随机无序模型的各种求解方法及其优劣之处。同时,整理出随机无序模型在诸多领域的实践应用情况,并从中发现该模型在金融投资问题中的适配性和可以运用的具体方面。除此之外,也研究了股票市场动量效应、极端风险和反馈效应等相关文献,加深了对投资决策问题不同角度的理解,挖掘出现有研究下所存在的不足和可以改进的地方。在数学推导法上,运用随机过程对金融市场上的数据进行建模,以刻画金融资产价格的趋势特征和波动特征,在此基础上构造了随机无序模型以研究不完全信息下的投资决策。通过将随机无序模型转化为最优停时问题来求解,数学推导出最优的决策规则和相应的统计量及阈值。在模拟分析法上,运用计算机程序来模拟金融资产的价格过程,并分析随机无序模型的所得到的决策规则在模拟数据上的表现,通过多次模拟可以得到随机无序模型决策规则的影响因素,以及决策结果的平均表现、稳健性和准确性等统计性质。在实证分析法上,本研究将随机无序模型应用到真实的金融市场数据上,分析理论模型在实践应用中的表现,研究决策结果和真实市场结果的差异之处,从而可以探究随机无序模型在投资实践中的效果和意义。

第2章 文献综述

2.1 随机无序模型的文献综述

随机无序模型最早由谢里亚夫（Shiryaev，1963）提出，是一种序贯检测方法，用来实时研究随机过程的概率分布情况。由于是对随机过程进行自适应的实时研究，所以模型的目标函数通常会包含两部分：一是犯错的概率，二是滞后的时长。模型的优化目标是希望在犯错概率尽可能小的情况下，尽快得到随机过程概率分布的特征。罗伯茨（Roberts，1966）和谢里亚夫（Shiryaev，1963）基于贝叶斯定理构造了谢里亚夫-罗伯茨（Shiryaev-Roberts）统计量（SR 统计量），将问题转化为最优停时问题，利用动态规划原理来求解。随机无序模型最广泛的应用便是识别随机过程概率产生变化的随机变点。不同于经典的 CUMSUM 变点检测方法，随机无序模型可以应用于样本量会实时增加的情况，能够依据新观测到的随机变量更新信息集。而 CUSUM 方法一般只能应用于固定样本内，并且谢里亚夫-罗伯茨（Shiryaev-Roberts）统计方法被证明是最小化平均滞后时长上确界的渐进最优方法（Roberts，1966）。波拉克（Pollak，1985）和莫斯塔奇德斯（Moustakides，1986）比较了在大样本情况下，SR 统计量识别概率分布变点的表现要优于 CUSUM 方法。而在小样本下，随机变量的平稳性对滞后时长的影响较大，因此梅沃拉赫和波拉克（Mevorach and Pollak，1991）发现 SR 统计量和 CUSUM 统计量表现十分接近。波拉克和塔塔科夫斯基（Pollak and Tartakovsky，2009），以及莫斯塔奇德斯等（Moustakideset et al，2009）进一步通过数值方法比较了 SR 统计量和 CUSUM 方法，综合来看当随机变量的概率分布发生较大变化时，CUSUM 方法的识别更加准确。相反，如果当概率分布的变点发生在大样本的末尾时，SR 统计量更加准确，能够过滤掉较多的错误信号。

在随机无序模型的稳健性研究上，由于随机无序模型需要对变点前后随机变量概率分布作出假设，因此有可能会出现模型错设的情形。杜文宇等（Du et al.，2015）定量分析了随机无序模型 SR 统计量在模型错设情况下的稳健性。当变点前后概率分布差异较大时，例如随机变量期望的正负性发生改变，那么模型的稳健性就较好，能够及时识别出概率分布的变点，但是判断错误的可能性会升高。相反如果变点前后概率分布的差异较小，只是分布参数大小的不同，那么模型的稳健性会相应较弱，难以识别出变点，但犯错的概率也随之下降。

随机无序模型由于能够实时分析随机变量概率分布情况，实时判断分布的变点位置，十分适合用来研究金融市场资产收益率的概率特征，能够应用于众多金融领域。安德森等（Andersson et al.，2003）利用随机无序模型来研究商业周期的变化，通过构造似然比函数来监控数据的观测值是否达到峰值，以此来标注商业周期。由于隐马尔可夫方法需要假设模型的回归形式，而随机无序模型只需要马尔可夫性，而不用额外的假设，所以随机无序模型可以应用于更广泛的领域。安德森等（Andersson et al.，2003）分别考虑了商业周期出现拐点和未出现拐点两种情况，随机无序模型与隐马尔可夫模型相比都表现出更高的正确率和更低的犯错率。日特鲁欣和谢里亚夫（Zhitlukhin and Shiryaev，2011）则将随机无序模型应用于股票投资策略中，股票投资者希望能够在最接近股票最高价的时候卖出股票，通过实时计算最高价是否已经出现的后验概率来决定买卖股票的策略。他们发现，可用超额收益与波动率平方的比率作为衡量股票好坏的标准，当该比率超过 1/2 时，就应该始终持有股票。谢里亚夫等（Shiryaev et al.，2014）从股票市场泡沫的角度研究基于随机无序模型的投资策略。笔者以苹果公司 2009—2012 年的股价作为样本，研究发现随机无序模型能够在股票价格大幅下跌的初期及时识别出趋势的改变，并卖出股票控制损失。帕帕勒西弗和波诺马伦科（Pepelyshev and Polunchenko，2017）在此基础上，将 SR 统计量拓展为半参数多周期变点识别方法，降低了计算量，并以 2000—2007 年的美国股市收盘价为研究样本，比较了随机无序模型与事后分析在识别"9·11"事件冲击上的表现，随机无序模型有较高的准确率。许左权和易法槐（Xu and Yi，2020）研究了股权质押贷款与赎回的决策，他们假设标的股票的趋势无法确定，投资者将能通过随机无序模型推测股票收益率分布从而消除不确定性，同时给出了最佳的赎回策略。

在随机无序模型的拓展上，波诺马伦科和塔塔科夫斯基（Polunchenko and Tartakovsky，2012）将SR统计量模型拓展到多周期的情形，使得能够实时判断分布的多个变点。如果变点后的概率分布无法确定，杨恒等（Yang et al.，2017）提出了一个复合的识别策略，在模型中假设变点后的概率分布存在多种可能性，那么可以根据观测值计算出各种可能性的后验概率，从而选择概率最高的一种分布。素和钱德拉斯卡兰（Soh and Chandrasekaran，2015）将模型推广到高维随机过程，当概率分布变化较小时，高维模型的表现比低维模型表现更好。除了研究高斯过程下的随机无序模型外，布鲁纳夫（Burnaev，2009）提出了泊松过程的随机无序模型，在贝叶斯理论的框架下，同样可以将模型转化为一个马尔科夫过程的最优停时问题。在此基础上，布朗（Brown，2009）放松了泊松过程的假设，讨论了观测时间间隔不一致的情况下，识别泊松过程参数变化的方法。代亚尼克（Dayanik，2010）进一步将随机无序模型拓展到复合泊松过程，并研究了时滞惩罚为非线性结构时的模型求解。切尔诺亚夫等（Chernoyarov et al.，2017）考察了泊松过程存在多个概率分布变点的识别方法。

2.2 股票动量效应和趋势交易的文献综述

杰加德什和提特曼（Jegadeesh and Titman，1993）首次提出了股票市场上的动量因子，通过实证发现上一期表现更好的股票一般在当期也会表现得更好，而上一期表现更差的股票在当期的收益率也会相对更低，因此股票收益率在横截面上存在动量效应。那么可以在每一期买入上一期表现好的股票同时卖出上一期表现较差的股票构建投资组合，从而获得超额收益。杰加德什和提特曼（Jegadeesh and Titman，2001）及戴民等（Dai et al.，2010）的实证结果进一步证实了股票市场存在横截面上的动量效应。格林布拉特等（Grinblatt et al., 1995）发现大部分公募基金都是动量效应的投资者，都倾向于购买过去收益更高的股票，表现出"羊群"的行为特征。这也同样说明动量效应在股票市场上的有效性。动量效应来源于市场上的投资者对新的信息反映不足，钱路易斯等（Chan et al., 1996）的实证结果支持了这一结论，并且也发现即使是分析师的收益预测，也存在反应不足的情况。动量效应广泛地存在于各个市场，在全球多个国家或地区的股票市场上，实证数据显示动量效应均有显著的稳健性，并且平均持续时间在一年左右（Rouwenhorst, 1998; Gharaibeh 2021）。丹尼尔等（Daniel et al., 2001）也从投资者对新信息关注不足的角度出发，提出市场将会在中长期出现反转的现象。由于新信息逐渐被市场上的投资者知晓和消化，偏离基本面的股价也将逐渐回归到合理的价格水平。库珀等（Cooper et al., 2004）探究了短期动量效应和长期反转效应在美国市场上的特征。研究的结论表明动量效应的月平均收益显著大于零，但是上行的市场动量长期会出现反转。所以，为了研究动量效应在短期与长期上的特征，李亦存等（Li et al., 2021）将赫斯特（Hurst）因子和动量因子加入Fama-French五因子模型中，分别用来捕捉股票市场上的长期趋势和短期特征。改进后的因子模型对市场收益率的解释力有了极大的提高。马斯克维茨和格林布拉特（Moskowitz and Grinblatt, 1999）尝试分析动量效应带来超额收益的源头，研究发现如果控制了股票所属行业的动量收益，那么个股的盈利能力就会大大降低，这说明行业动量是动量效应收益的主要驱动因素。格兰迪和马丁（Grundy and Martin, 2001）则认为动量效应的超额收益是由于能够动态调整投资组合中的不同风险敞口。科迪亚和席瓦库玛（Chordia and Shivakumar, 2002）同样也发现能够通过一组滞后的宏观经济变量来解释动量效应的超额收益，这说明股票市场的动量效应在一定程度上体现了经济的现状和预期。

马斯克维茨等（Moskowitz et al., 2012）验证了时间序列上的动量效应，对于某一个资产而言，如果在过去一段时间收益率大部分为正数，价格呈现上涨趋势，那么在未来一段时间，资产价格将会继续保持上升趋势。所以对于单个资产，投资者可以在其历史表现较好的时候买入，表现较差的时候卖出来获得超额收益。戈雅尔和杰加德什（Goyal and Jegadeesh, 2018）比较了时间序列和横截面上动量效应的差异，并发现时间序列动量效应的收益表现来自于净多头持仓的收益。但是黄大山等（Huang et al.，2020）对时间序列上的动量效应提出质疑，在样本数据的统计分析中缺少证据证实时间序列动量效应的存在性。尽管根据时序动量的特征进行投资能够带来收益，但是投资表现与横截面上的动量策略十分接近。何学中和李凯（He and Li，2015）从理论模型上分析了时间序列动量效应产生的原因，假设市场上存在三类异质的交易者：价值交易者、动量交易者和反转交易者。当市场上的动量交易者最活跃的时候，市场处于反应不足的状态，所以短期的动量效应会比较稳定，这导致了时间序列上短期的动量效应和长期的反转效应。而一旦市场上的动量交易者不那么活跃的时候，时间序列上的动量效应也随之消失。李和斯瓦米纳森（Lee and Swaminathan，2000）从成交量的角度出发提出了动量效应的生命周期。当市场上成交量开始降低时，动量效应通常会逐渐减弱，相反反转效应开始逐渐加强。丹尼尔和马斯克维茨（Daniel and Moskowitz，2016）发现了动量效应崩溃的现象。高雅等（Gao et al.，2021）发现中国股票市场的动量效应在一定程度上也取决于市场状态。当市场状态发生切换时，动量效应就会失效，取而代之的便是反转效应。基于这样的特征，作者构造了一个识别信号，可以提高动量策略的收益表现。政策的不确定性也会影响动量效应的稳健性，戈埃尔等（Goel et al.，2021）的实证结论表明动量策略的收益和政策的不确定性存在显著的负相关性。同时，在时间序列上，因果检验表明政策的不确定是动量策略失灵的一个重要原因。除此之外，马尔季罗相和西蒙扬（Martirosyan and Simonian，2021）发现发展中国家的股票市场动量效应还会间接地受美国宏观经济的影响。

趋势交易是基于动量效应的投资策略，通过股票价格的历史数据分析出股价当前的趋势状态，并假设当前趋势将会继续持续下去，从而决定相应的投资策略。巴罗佐和克拉拉（Barroso and Santa-Clara，2015）发现动量效应有自己的运动规律，其风险会随时间波动。如果能够预测并管理好动量效应的风险，那么就能够提高趋势交易的夏普比率。而对动量效应风险的预测，有赖于分析股票价格的运动状态。布莱克和斯科尔斯（Black and Scholes，1973）提出利用几何布朗运动描述来对股价进行建模，此后大量学者开始利用连续时间下的随机过程和随机微分方程来描述股票的运动和趋势。在几何布朗运动中，漂移项是股票收益率的均值，扩散项反映了收益率的波动。在奥克森达尔（Oksendal，

2013)的模型中，漂移项大于0并保持不变，这意味着股价将表现出长期上涨的趋势。投资者以最大化卖出股票收益的现值为目标函数，通过最优停时方法能够得到卖出股票的最佳时机。而在真实的市场中，股价的趋势随时会发生改变，相应描述股价运动的数学模型的参数也不应该一成不变。因此不少学者将马尔科夫链和几何布朗运动相结合，利用漂移项的区制转换来表示股票价格趋势的变化（Zhang, 2001; Guo and Zhang, 2005; Dai et al., 2010）。基于该模型构建的股票买卖策略在模拟市场环境下的表现得到了显著提升。除了利用马尔科夫链的区制转换来刻画股票价格的趋势变化外，利用均值回归的随机过程也能够反映出股票趋势的周期性变化。张汉青和张庆（Zhang and Zhang, 2008）研究了均值回归过程下股票的买卖策略，并得到了股票最优的买入卖出价格表达式。泽尔沃斯等（Zervos, et al., 2013）在此基础上考虑了股票的交易费用，并得到了均值回复过程下，股票最优买卖策略的显示表达式（显示解）。阮维等（Nguyen et al., 2013）将区制转换模型和均值回归模型相结合，用来表示"阶梯型"的资产价格变化，通过变分不等式给出了趋势交易买卖点的求解方法。

  市场的动量效应和投资者的行为密切相关。攀登等（2003）对国内趋势交易策略进行了相关研究，从行为金融的角度发现，国内的个人投资者大多采用了趋势策略来买卖股票，并且具有较为明显的处置效应。而个人投资者也极易受到情绪的影响，李进芳（2020）运用非参数回归模型构建了股票收益率与投资者情绪之间的方程，发现当投资者情绪高涨时，股票收益率的动量效应也越显著，但是一旦投资者情绪变得极端乐观，也会导致反转效应的发生。谭磊（2017）从前景理论的角度分析了趋势策略的内在逻辑，当价格过程的漂移项大于0时，多空双方的平仓意愿都较弱，拥有较为统一的信念，价格变动的趋势得以持续。因此，李岩等（Li et al., 2022）将投资者的一致信念用来度量动量效应，在中国股票市场上，当一致信念程度较高时，动量效应也越显著。

2.3 市场极端风险的文献综述

金融资产收益率的分布有"尖峰厚尾"特征,极端风险事件出现的概率较大,价格出现大幅下跌的情况会较容易出现。所以投资者会十分关注极端风险事件发生的概率以及预期损失。为了研究极端风险事件的性质,费舍尔和蒂皮特(Fisher and Tippett,1928)提出了极值理论(EVT),用来刻画样本内最大值或最小值的概率分布。利柏特等(Leadbetter et al.,2012)证明了在独立同分布的假设下极值的渐进分布可能是冈贝尔,弗雷西和威布尔(Gumbel,Frechet,Weibull)三种情况,说明样本极值的概率分布存在某些共同的特征。雷斯尼克(Resnick,1997)进一步验证了样本极值的渐进分布与广义帕累托(Pareto)分布之间的联系,为超阈值(Peak Over Threshold,POT)模型奠定了理论基础。在超阈值模型中,对于样本值的定义不再只局限于最大值或最小值,而是设定了一个阈值,所有大小超过阈值的样本数据均作为极值来建模。这些极值的渐进概率分布便是广义帕累托分布。因布瑞克斯等(Embrechts et al.,1999)和隆因(Longin,2000)将超阈值模型运用到金融风险管理中,通过数据实证分析证明了股票的尾部收益率服从弗雷西(Frechet)分布,同时收益率极值发生的时间序列满足泊松过程。潘等(Poon et al.,2004)研究了多变量的联合极值分布理论,并应用于五个主要的股票指数的收益率。实证结果表明以往的单变量极值理论可能会使投资组合的风险评估出现偏误,而如果运用多变量的联合极值理论则能够有效降低偏误,除此之外该理论还能广泛应用于信用风险控制和期权估值等领域。

伯吉斯和乔治奥索斯(Bekiros and Georgoutsos,2005)将VaR模型(Duffie and Pan,1997)和极值理论结合起来,利用美国道琼斯工业指数估计了极端损失风险,在较高的置信度下能够充分反映极端风险可能带来的损失。在这之后极值理论和VaR模型在许多方面都有拓展,不断完善模型刻画及预测极端风险的能力。桑托斯和阿尔维斯(Santos and Alves,2013)在超阈值模型的基础上，引入了极端事件的间隔作为协变量，通过数值模拟和实证分析，发现极端事件的时间间隔有助于估计未来的在险价值。冈塞和塞尔丘克（Gencay and Selçuk，2004）将 VaR 模型运用于九个发展中国家的股票市场，以股票的日度收益率为样本，发现收益率的左右尾部分布具有不同的矩特性，这意味着在发展中国家的股票市场上，风险和收益并不一定对等。格拉瑟曼等，（Glasserman et al.，2002）将注意力转移到投资组合的风险价值上，提出运用最小二乘法来逼近投资组合的损失概率分布。同时考虑到估计的准确性，也研究提出了以蒙特卡洛模拟的方式来选择最优的样本以提高估计的精度。为了更深入地研究波动率所带来的尾部风险，麦克尼尔和弗雷（McNeil and Frey，2000）将极值理论和 GARCH 模型相结合，相较于未考虑波动率随机性或者误差项厚尾性的模型，对在险价值有更好的预测能力。泰勒（Taylor，2008b）运用指数加权的分位数回归方法来估计风险价值，通过对 10 只股票收益率序列的实证研究表明指数加权的分位数回归估计的风险价值比 GARCH 模型的结果更加准确。库斯特等（Kuester et al.，2006）进一步基于纳斯达克指数比较了不同模型预测在险价值的能力，其中极值理论和 GARCH 的混合模型表现最好。费尔南德斯（Fernandez，2005）在全球多个国家的市场上也得出了相同的结论。自抽样（Bootstrap）方法进一步提高了极值模型对在险价值的预测精度。而在风险度量方面，巴塔恰里雅和瑞托莉亚（Bhattacharyya and Ritolia，2008）及恩格利与曼加内利（Engle and Manganelli，2004）将收益率模型、波动率模型和极值理论结合起来，提出了新的 VaR 的度量方法，能够动态反映资产的在险价值。堀田等（Hotta, et al.，2008）引入 Copula 模型，着重估计尾部风险之间的相关性。泰勒（Taylor，2008）运用指数加权的分位数回归方法来估计风险价值。博勒斯利夫和托多罗夫（Bollerslev and Todorov，2011）运用 VaR 模型和极值理论来分析股票市场的跳跃风险，并搭建了新的投资者恐惧指数。

国内也有许多学者基于极值理论分析了中国股票市场的风险特征。柳会珍和顾岚（2005）对股票日收益率的极值构建了广义帕累托分布模型，模型能够较好地拟合收益率的尾部特征，并且研究发现中国股票市场大幅下跌的概率高于大幅上涨的概率。魏宇（2008）提出了条件极值分布理论，并在上证综指和其他国家股票市场上验证了该理论模型，实证结果充分支持了条件极值分布理论更适合刻画市场的极端风险，并且也说明了在不同概率分布假设的情况下理论模型的适用情况。高莹等（2008）在中国股票市场上构建了极值理论的 GARCH 模型，解决了收益率波动聚集和厚尾现象对在险价值估计的影响。傅强和邢琳琳（2009）基于深证成指数据，运用极值理论与 Copula 相结合的模型能够准确拟合出收益率日内波动的边缘分布。杨湘豫和崔迎媛（2009）及周孝华等（2012）着眼于公募基金等资产所面临的风险，鉴别基金投资组合中各个资产之间尾部风险所存在的非对称、非线性、非正态的相关性。

2.4 股价与企业投融资决策的文献综述

在哈耶克（Hayek，1945）提出股票市场对公司投融资的反馈效应后，费雪和默顿（Fischer and Merton，1984）实证发现股票市场对实体经济具有预测性，当控制了宏观经济变量后，股票价格依然对公司的投资规模产生影响。道和戈顿（Dow and Gorton，1997）构造了股票价格与企业资本配置效率的理论模型，用来解释股价对企业投资的影响。在他们的模型中，股价包含两方面的信息，一是公司未来的投资机会，二是公司过去投资的表现，因此管理者的每次投资决策都会关注股价所传递的信息，来评判自己的投资决策。戴和斯里德哈尔（Dye and Sridhar，2002）则提出公司的管理者可以先宣布一个潜在的新投资策略来观察市场的反应，提取市场的相关信息，然后根据收集到的信息再来决定是否实施该策略。沿着同样的思路，罗元志（Luo，2005）研究了公司管理者的学习模型，发现当公司股价信息含量越高时，公司经理便会更倾向于从股市中学习到额外信息，这在一定程度上能够提高公司的并购效率。在股价信息含量的度量上，沃格勒（Wurgler，2000）首次利用不同国家之间股票走势的不同步性来刻画股价的信息含量，通过对65个国家与地区证券市场的研究证明了，股票的信息含量与公司的资产配置效率正相关。德尼夫等（Durnev et al.，2001；Durnev et al.，2003）考虑到如果公司的公开基本面数据相似，那么股票价格的波动也应该相近。如果其中一家公司股价的波动开始偏离同类公司，就意味着投资者掌握了私人信息并反映到股票价格上，所以可以利用股价非同步性指标来度量股票信息含量，将边际托宾Q值作为公司投资的效率。实证研究基于行业级数据证明了股价信息有助于公司的投资。除此之外，于丽峰等（2014）以及陈康和刘琦（2018）也发现公司投资对股价十分敏感，股价中包含了对公司管理者投资决策的有利信息。延特（Jenter，2005）提出企业管理者对公司的评估与市场上的预期存在差异时，会影响到管理者的决策。左罗（Zuo，2016）研究得出公司股价也会影响到公司管理者对盈利的预期。当投资者的私人信息含量较高的时候，管理者的盈利预期会对股价收益率更加敏感。即使在基金赎回对股价的外生冲击下，该结论依然成立。这进一步说明了公司股价蕴含有用信息，有助于管理者更好地预测公司的盈利水平。贝内特等（Bennett et al.，2020）分析了股价所包含的信息是否能够提高公司的生产效率。实证证据显示，当股价信息含量较低时，公司高级管理人员的变动频率对托宾Q值会变得不敏感。同时，小型公司和行业竞争激烈的公司的生产效率和股票价格联系的更紧密。

　　除了反馈效应说明股票价格对公司投资有影响外，市场择时理论也从融资成本和资本结构的角度解释了股价与公司投融资决策之间的关系（Stein，1996）。贝克和沃格勒（Baker and Wurgler，2002）以市值账面比作为公司股价是否被市场高估的指标，发现如果股价被高估，那么公司则会选择股权融资。但是，霍瓦基米安（Hovakimian，2006）则提出了相反的意见，认为市值账面比指标并不能代表公司股价被高估，企业管理者也并不依赖市值账面比指标来选择融资途径。凯汉和蒂特曼（Kayhan and Titman，2007）同样也不赞成股票市场上存在市场择时行为。格雷厄姆和哈维（Graham and Harvey，2001）则直接对全美300家公司的首席财务官进行问卷调查，最后的结果显示有超过50%的首席财务官承认股票价格是选择融资方式时考虑的重要因素，当股价偏高时，他们会倾向于选择股权融资。博尔顿等（Bolton et al.，2013）发现，当公司考虑采取新的投资项目时会考虑公司股价和市场择时策略，尤其是当金融市场疲软或处于金融危机时期，管理层由于成本较高会放弃外部融资。阿尔特（Altı，2005）。但是当金融市场景气时，管理层便会积极发行股票，增加外部融资规模。市场择时对公司资本结构的影响不会一直存在，阿尔特（Altı，2005）发现公司通常会选择在股票市场繁荣的时候来发行股票融资以降低杠杆率。但是在公开发行后，公司也会继续发行新的债券，在一年之后公司的杠杆率又重新回到行业的平均水平。马哈詹和塔塔洛卢（Mahajan and Tartaroglu，2008）运用G7国家数据进行实证研究，数据显示除日本外，其他G7国家的公司均存在市场择时行为，但是市场择时对资本结构的影响是暂时的，这与动态权衡模型的结果相一致。而埃利奥特等（Elliott et al.，2007）通过公司盈利为基础的基本面估值模型来分析市场择时对公司债务融资的影响。该模型能够避免股权的错误股指，同时也能证实公司股价高估和股权融资占比间存在明显的正向关系。德拉维尼亚和波莱特（Dellavigna and Pollet，2013）从人口学的视角发现，如果在短期内市场向好，那么公司应该增加股权融资来扩大生产；但是，如果市场将会有一段长期的繁荣时期，那么公司相反要减少股权融资，因为当前的公司股价被低估，融资成本较高。

在中国股票市场上，朱武祥（2002）首次研究了中国公司存在市场择时行为。胡志强和卓琳玲（2008）运用沪深两市全部上市公司数据，也发现了市场择时行为。余瑜和王建琼（2014）修改了市场择时模型的相关约束条件，从而更加适合中国资本市场。刘澜飚和李贡敏（2005）从公司财务数据的角度分析了市场择时对中国资本市场的合理性。而牛彦秀和吉玖男（2014）在市场择时外，还考虑到了政府部门的监管影响，认为公司除了市场择时外还会进行监管政策的时机选择。

第 3 章 随机无序模型

随机无序模型是由谢里亚夫（Shiryaev，1963）提出，在尽可能小的延迟内发现观测值的统计行为出现变化的方法。随机无序模型的应用领域十分广泛，在质量控制中可以及时识别出故障产品；在信息系统中，可以被用来检测恶意入侵，以及设计网络安全防御方法。同样，在金融领域，也能够用以发现套利机会，为投资者带来收益。

3.1 随机无序问题的概率模型

3.1.1 θ-模型

在随机无序模型中，假设存在随机变量 $x_0, x_1, x_2, \cdots, x_n$。存在 θ，随机变量的概率分布在 θ 处发生改变，即 $x_0, x_1, \cdots, x_{\theta-1}$ 服从同一个概率分布，而 $x_\theta, x_{\theta+1}, \cdots x_n$ 服从另一个概率分布。

定义随机无序模型所在的概率空间为 $(\Omega, \mathcal{F}, (\mathcal{F}_n)_{n \geq 0}; P^0, P^\infty)$，其中 Ω 表示全集，$\mathcal{F}$ 表示 σ-代数，$(\mathcal{F}_n)_{n \geq 0}$ 是由 $x_1, x_2, x_3 \cdots, x_n$ 生成的 σ-代数，$\mathcal{F}_i = \sigma(x_0, x_1, x_2, \cdots, x_i)$。$\mathcal{F}_i$ 随 i 的增加逐渐扩大，满足 $\mathcal{F}_0 \subset \mathcal{F}_1 \subset \mathcal{F}_2 \cdots \subset \mathcal{F}_n$。$P^0, P^\infty$ 表示两种概率测度，其中 P^∞ 是假设 $H^\infty: \theta = \infty$ 下的概率测度，意味着随机变量的概率分布没有发生改变，始终等于旧的概率分布。P^0 表示当 $H^0: \theta = 0$ 情况下的概率测度，即随机变量的概率分布从一开始就等于新的分布。

不妨定义概率测度 P^θ，其中 $\theta \in \Theta = \{0, 1, 2, \cdots, \infty\}$，用来表示随机变量概率

分布的变点处在 θ 处的概率测度。那么概率测度 P^θ 应该满足如下的性质：

$$P^\theta(A) = P^\infty(A) \tag{3.1}$$

其中 $A \in \mathcal{F}_n$，并且 $n < \theta$。这性质说明未来随机变量的概率分布发生改变对过去的分布没有影响。谢里亚夫（Shiryaev，2019）给出了运用 P^0 和 P^∞ 构造概率测度 P^θ 的方法。首先定义条件概率测度 P_n^0 和 P_n^∞，满足

$$P_n^0(A) = P^0(A|\mathcal{F}_n), \ P_n^\infty(A) = P^\infty(A|\mathcal{F}_n) \tag{3.2}$$

此后下标 n 均表示在 σ 域 $\mathcal{F}_n$ 下的条件概率或条件期望。假设概率测度 $P_n = 1/2(P_n^0 + P_n^\infty)$，引入拉东-尼柯迪姆导数（Radon-Nikodým derivatives）L_n^0 和 L_n^∞，分别定义为

$$L_n^0 = \frac{\mathrm{d}P_n^0}{\mathrm{d}P_n} \tag{3.3}$$

和

$$L_n^\infty = \frac{\mathrm{d}P_n^\infty}{\mathrm{d}P_n} \tag{3.4}$$

令 L_n^θ 满足如下等式

$$L_n^\theta = I(n < \theta)L_n^\infty + I(n \geq \theta)L_\theta^0 \frac{L_{\theta-1}^\infty}{L_{\theta-1}^0} \tag{3.5}$$

那么概率测度 P_n^θ 则可以表示为

$$P_n^\theta(A) = E[I(A)L_n^\theta] \tag{3.6}$$

进一步可以验证式（3.6）。当 $n < \theta$ 的时候，$L_n^\theta = L_n^\infty$，那么 $E[I(A)L_n^\theta] = E[I(A)L_n^\infty]$ 根据拉东-尼柯迪姆导数的性质，$E[I(A)L_n^\infty] = \tilde{E}[I(A)]$，其中 $\tilde{E}$ 表示在概率测度 P^∞ 下的期望，同时也注意到 $\tilde{E}[I(A)] = P^\infty(A)$，所以式（3.6）成立。

从概率密度函数的角度来理解概率测度 P_n^θ，可以知道条件概率密度函数 $f_n^\theta(x_n | x_0, \cdots, x_{n-1})$ 满足

$$\begin{aligned} f_n^\theta(x_n | x_0, \cdots, x_{n-1}) = &\ I(n < \theta)f_n^\infty(x_n | x_0, \cdots, x_{n-1}) + \\ &\ I(n \geq \theta)f_n^0(x_n | x_0, \cdots, x_{n-1}) \end{aligned} \tag{3.7}$$

这意味着

$$f_n^\theta(x_0,\cdots,x_n) = I(n<\theta)f_n^\infty(x_0,\cdots,x_n) + I(n\geqslant\theta)f_{\theta-1}^\infty(x_0,\cdots,x_{\theta-1})\cdot \\ f^0(x_0,\cdots,x_n \mid x_0,\cdots,x_{\theta-1})$$
（3.8）

将第二项的条件概率密度函数写成分式的形式，便可以得到

$$f_n^\theta(x_0,\cdots,x_n) = I(n<\theta)f_n^\infty(x_0,\cdots,x_n) + \\ I(n\geqslant\theta)f_n^0(x_0,\cdots,x_n)\frac{f_{\theta-1}^\infty(x_0,\cdots,x_{\theta-1})}{f_{\theta-1}^0(x_0,\cdots,x_{\theta-1})}$$
（3.9）

如果随机变量 $x_1,x_2,x_3,\cdots,x_n$ 彼此之间相互独立，那么联合概率密度函数 $f_n^0(x_0,\cdots,x_n)$ 和 $f_n^\infty(x_0,\cdots,x_n)$ 可以表示成

$$f_n^0(x_0,\cdots,x_n) = f^0(x_0)f^0(x_1)\cdots f^0(x_n) \\ f_n^\infty(x_0,\cdots,x_n) = f^\infty(x_0)f^\infty(x_1)\cdots f^\infty(x_n)$$
（3.10）

那么概率密度函数 $f_n^\theta(x_0,\cdots,x_n)$ 就可以简单表示为

$$f_n^\theta(x_0,\cdots,x_n) = \begin{cases} f^\infty(x_0)f^\infty(x_1)\cdots f^\infty(x_n), & n<\theta \\ f^\infty(x_0)f^\infty(x_1)\cdots f^\infty(x_{\theta-1})f^0(x_\theta)\cdots f^0(x_n), & n\geqslant\theta \end{cases}$$
（3.11）

3.1.2 G-模型

在 θ-模型中，随机变量概率分布的变点 θ 对于数据的观测者而言未知，但并不随机。而在实际情况中，θ 同样也是一个随机变量，所处的位置随机分布，因此不妨对 θ 的随机位置定义一个概率分布函数 $G(x)$。在谢里亚夫（Shiryaev, 1963）中，这一情况被称为为 G-模型（G-model）。

定义随机变量 θ 的概率空间 $(\Omega',\mathcal{F}',P')$，其中 Ω' 是全集，在离散数据的情况下为自然数集 N，那么 $\mathcal{F}'$ 是由自然数集生成的 Borel-σ 域，P' 是分布函数 $G(x)$ 所定义的概率测度，即满足 $G(n) = P'(\theta\leqslant n)$。将概率空间 $(\Omega',\mathcal{F}',P')$ 与随机变量的概率空间 $(\Omega,\mathcal{F},(\mathcal{F}_n)_{n\geqslant 0};P^0,P^\infty)$ 结合起来，便得到新的概率空间 $(\bar{\Omega},\bar{\mathcal{F}},P^G)$，其中 $\bar{\Omega} = \Omega\times\Omega'$，$\bar{\mathcal{F}} = \mathcal{F}\times\mathcal{F}'$。对于 $A\in\mathcal{F}$ 和 $B\in\mathcal{F}'$ 而言，概率测度 P^G 则满足

$$P^G(A\times B) = \sum_{\theta\in B}P^\theta(A)\Delta G(\theta)$$
（3.12）

其中，$\Delta G(\theta) = G(\theta) - G(\theta-1)$ 并且 $\Delta G(0) = G(0)$。

对于数量有限的随机变量而言，当变量长度为 n 时，如果 $A \in \mathcal{F}_n$，$B = \mathbb{N}$，那么概率测度 $P^G(A \times B)$ 可以更具体地表示为

$$P^G(A \times \mathbb{N}) = \sum_{\theta=0}^{n} P_n^{\theta}(A) \Delta G(\theta) + (1 - G(n)) P_n^{\infty}(A) \quad (3.13)$$

在 G-模型下，同样可以定义拉东-尼柯迪姆导数 $L_n^G = \mathrm{d}P_n^G / \mathrm{d}P_n$，其满足

$$L_n^G = \sum_{\theta=0}^{\infty} L_n^{\theta} \Delta G(\theta) \quad (3.14)$$

将 L_n^G 带入 $P^G(A \times \mathbb{N})$ 的表达式，则可以得到

$$L_n^G = \sum_{\theta=0}^{n} \frac{L_{\theta-1}^{\infty} L_n^0}{L_{\theta-1}^0} \Delta G(\theta) + (1 - G(n)) L_n^{\infty} \quad (3.15)$$

例如当 θ 服从几何分布，其分布函数 $G(0) = p_0$，$\Delta G(n) = (1-p_0)(1-p)^n$，那么对应的拉东-尼柯迪姆导数 L_n^G 则表示为

$$L_n^G = p_0 L_n^0 + (1 - p_0) \left(L_n^0 \sum_{k=1}^{n-1} \frac{p(1-p)^k L_k^{\infty}}{L_k^0} + (1-p)^n L_n^{\infty} \right) \quad (3.16)$$

同理，可以得到随机变量 $x_1, x_2, \cdots x_n$ 在 G-模型下的联合概率分布为

$$f_n^G(x_1, x_2, \cdots, x_n) = p_0 f_n^0(x_1, x_2, \cdots, x_n) + (1-p_0) f_n^0(x_1, x_2, \cdots, x_n) \times \\ \sum_{k=0}^{n-1} \frac{p(1-p)^k f_k^{\infty}(x_1, \cdots, x_k)}{f_k^0(x_1, \cdots, x_k)} + (1-p_0)(1-p)^n f_n^{\infty}(x_1, \cdots, x_n) \quad (3.17)$$

3.2 随机无序模型的求解

随机无序模型的核心问题便是找到随机变量概率分布发生改变的位置。不同于在观察到随机序列完整的过程后再来判断概率分布发生改变的位置，随机无序模型是在随机序列发生的实时过程中进行判断。因此，这就需要考虑两方面的要求。一是要尽可能快速地判断出概率分布是否发生改变。二是要判断错误的概率尽可能小。但这两方面的要求难以同时兼顾。因为如果要判断迅速，

就意味着需要在少量数据上进行判断，这会增加犯错误的概率。相反，如果要降低犯错的概率，这就要更多的数据，势必会延长判断的时间。所以，随机无序模型的目标函数需要兼顾这两方面的要求。

3.2.1　目标函数

对于随机过程 $x_i; i=1,2,\cdots$，在某一随机位置 θ 处概率分布发生改变，随机过程 x_i 的概率空间定义为 $(\Omega, \mathcal{F}, (\mathcal{F}_n)_{n \geq 0}; P^0, P^\infty)$。用 τ 表示随机变量概率分布发生改变的推测位置，随机无序模型的目标函数 $G(\tau)$ 为

$$G(\tau) = P(\tau < \theta) + cE_x(\tau - \theta)^+ \tag{3.18}$$

E_x 表示随机变量序列初始值 $x_0 = x$ 情况下的条件概率。第一项表示犯错的概率，第二项表示推断的滞后时长，用以衡量判断的速度。具体而言，如果推断概率分布发生改变的时间 τ 在真实变点 θ 之前，那么就意味着判断错误，所以 $P(\tau < \theta)$ 表示犯错概率，而在这种情况下滞后时长 $E(\tau - \theta)^+$ 等于 0。相反，如果 $\tau > \theta$，说明在推断的时刻，随机变量的概率分布已经发生改变，所以不会犯错，$P(\tau < \theta) = 0$。但此时就需要考虑推断变点和真实变点间的滞后时长 $E(\tau - \theta)^+$。式（3.19）给出了随机无序模型的优化目标，是最小化目标函数，以保证推测的犯错概率较低并且滞后时长较短，$V(x)$ 是优化问题的值函数。

$$V(x) = \inf_{\tau \in T} P(\tau < \theta) + cE_x(\tau - \theta)^+ \tag{3.19}$$

其中 T 表示所有停时的集合。对于上述优化问题，定理 3.2.1 表明可以将式（3.19）转变成关于 θ 的后验概率过程的最优停时问题。

定理 3.2.1　如果变点 $E\theta < \infty$，任意停时 $E\tau < \infty$，那么定义过程 $\{\pi_k\}$ 满足

$$\pi_k = P(\theta \leq k \mid \mathcal{F}_k) \tag{3.20}$$

那么对于任意 $\tau \in T$，可以有

$$P(\tau < \theta) + cE(\tau - \theta)^+ = E\left\{1 - \pi_\tau + c\sum_{m=0}^{\tau} \pi_m\right\} \tag{3.21}$$

证明：参见 3.3 节。

那么求解随机无序模型就转变为求解其所对应的最优停时问题。在一般的最优停时问题中，通常会将随机过程所在的空间划分成最优停止区域和持续区域，那么最优停时所满足的条件便是随机过程首次进入最优停止区域的时间。所以，分析出最优停止区域的性质，是求解最优停时问题的关键。

3.2.2 最优停止区域与最优停时

本节首先分析当随机过程满足马尔科夫性时，最优停时所具有的性质，从离散过程和连续过程两个角度分析最优停止区域的性质，并给出相关定理。

3.2.2.1 离散过程的最优停止区域

对于一系列离散的随机变量 $(x_i)_{i \geq 0} = x_0, x_1, x_2, \cdots, x_N$，定义在 $\mathbb{R}^d$ 空间上，其具有马尔科夫性。定义可测的目标函数 G，并满足条件

$$E_x\left(\sup_{0 \leq i \leq N} |G(x_i)|\right) < \infty \tag{3.22}$$

其中 E_x 表示随机过程 $(x_i)_{i \geq 0}$ 的初值 $x_0 = x$ 的条件期望。那么最优停时问题的优化目标和值函数 $V^N(x)$ 可以表示为

$$V^N(x) = \sup_{0 \leq \tau \leq N} E_x G(x_\tau) \tag{3.23}$$

其中 τ 表示任意停时。由于随机过程具有马尔可夫性，在当前信息下，随机过程的状态与其历史路径相互独立，所以平移随机过程的时间，其统计性质会保持不变。那么定义两个算符：平移算符 ζ_n，表示将时间或者序列向后移动 n 期，$\zeta_n(w)(i) = w(i+k)$；转换算符 T，定义为 $TF(x) = E_x F(x_1)$。

假设存在两个区域 C_n 和 D_n 满足

$$\begin{aligned} C_n &= \{x \in \mathbb{R}^d : V^{N-n} > G(x)\} \\ D_n &= \{x \in \mathbb{R}^d : V^{N-n} = G(x)\} \end{aligned} \tag{3.24}$$

定义停时 τ_D 满足 $\tau_D = \inf\{0 \leq n \leq N : x_n \in D_n\}$，对于最优停时问题的值函数和最优停止时间，就有如下定理。

定理 3.2.2 对于最优停时问题

$$V^N(x) = \sup_{0 \leq \tau \leq N} E_x G(x_\tau) \qquad (3.25)$$

值函数 $V^n(x)$ 满足 Wald-Bellman 等式

$$V^n(x) = \max(G(x), TV^{n-1}(x)) \qquad (3.26)$$

并且停时 τ_D 是最优停时问题（3.25）的解。如果 τ^* 是停时问题（3.25）另外一个最优解，那么一定满足 $\tau_D \leq \tau^*$。同时，序列 $(V^{N-n}(x_n))_{0 \leq n \leq N}$ 是在条件概率 P_x 下大于 $(G(x_n))_{0 \leq n \leq N}$ 最小的上鞅。

证明：参见 3.3 节。

根据定理 3.2.2 的含义，区域 D 被称为最优停时问题的最优停止区域，区域 D 和区域 C 的边界，是最优停止边界。根据 Wald-Bellman 等式，定义算符 Q，表示为

$$QF(x) = \max[G(x), TF(x)] \qquad (3.27)$$

那么公式（3.26）便可以表示成

$$V^n(x) = Q^n G(x) \qquad (3.28)$$

如果随机过程 $(x_i)_{i \geq 0} = x_0, x_1, x_2, \cdots, x_N$ 的长度趋于无穷大，$N = \infty$，相应的最优停时问题表示成如下形式，需要注意的是停时 τ 的取值范围不再只局限于 $[0, N]$ 的范围，而是可以取任意大于 0 的整数。

$$V(x) = \sup_{\tau > 0} E_x G(x_\tau)。 \qquad (3.29)$$

对于该最优停时问题，同样可以定义两个区域 C 和 D，和停时 $\tau_D = \inf\{t \geq : x_t \in D\}$。

$$\begin{aligned} C &= \{x \in \mathbb{R}^d : V(x) > G(x)\} \\ D &= \{z \in \mathbb{R}^d : V(x) = G(x)\} \end{aligned} \qquad (3.30)$$

对于 $N = \infty$ 的情况，最优停时问题（3.29）同样类似的定理。但在此之前，需要给出上调和函数的定义。当一个可测函数 $F(x)$ 满足

$$TF(x) \leq F(x) \qquad (3.31)$$

那么 $F(x)$ 就是上调和函数。定理 3.2.3 给出了当随机过程长度趋于无限时，最优停时问题的解。

定理 3.2.3 对于最优停时问题（3.29），其值函数 $V(x)$ 满足 Wald-Bellman 等式

$$V(x) = \max\{G(x), TV(x)\} \tag{3.32}$$

停时 τ_D 是最优停时问题（3.29）的解，并且如果 τ^* 也是最优停时问题（3.29）的解，那么一定满足 $\tau_D \leqslant \tau^*$。目标函数 $V(x)$ 是比回报函数 G 大的最小上调和函数。

证明：与定理 3.2.2 的证明类似。

那么回到随机无序模型，根据公式（3.21）和定理 3.2.3 可知，随机无序问题可以转化为关于后验概率过程 π_t 的最优停时问题

$$V(x) = \inf_{\tau \in \mathcal{J}} E_x \left\{ 1 - \pi_\tau + c \sum_{m=0}^{\tau} \pi_m \right\} \tag{3.33}$$

定义目标函数 $G(\pi) = 1 + (c-1)\pi$ 和 $S(\pi_0) = \inf_{\tau \in \mathcal{J}} E_{\pi_0} \left\{ 1 - \pi_\tau + c \sum_{m=0}^{\tau} \pi_m \right\}$，可以注意到 $S(\pi_0)$ 与 $V(x)$ 表示同一个最优停时问题，所以 $S(\pi_0) = V(x)$。那么，后验概率过程 π_t 也存在两个区域 C^π 和 D^π，表示为

$$\begin{aligned} C^\pi &= \{\pi \in [0,1] : S(\pi) < g(\pi)\} \\ D^\pi &= \{\pi \in [0,1] : S(\pi) = g(\pi)\} \end{aligned} \tag{3.34}$$

那么停时是 $\tau_{D^\pi} = \inf\{k \geqslant 0 \mid \pi_k \in D\}$。因为过程 π_t 是在 $[0,1]$ 上的一维过程，那么不妨假设区域 C^π 和 D^π 存在一个分界点 π^*，满足

$$\pi^* = \inf\{\pi \in [0,1] : S(\pi) = g(\pi)\} \tag{3.35}$$

运用同样的思路，定理 3.2.4 给出了最优停时问题（3.33）的最优解。

定理 3.2.4 对于概率过程 $\{\pi_k\}$ 存在一个最优边界 π^*，使得停时 τ^*

$$\tau^* = \inf\{k \geqslant 0 \mid \pi_k \geqslant \pi^*\}, \tag{3.36}$$

是最优停时问题（3.33）的解。

这里考虑一种特殊的情形，当随机无序问题的变点 θ 的先验是几何分布，概率分布表达式如下所示：

$$P(\theta = k) = \begin{cases} p_0, & k = 0 \\ (1-p_0)p(1-p)^{k-1}, & k = 1, 2, 3, \cdots \end{cases} \tag{3.37}$$

在这一情况下，算符 Q 可以具体表示成

$$QG(\pi) = \min\left\{G(\pi), \int G\left(x\left[\frac{x[\pi + p(1-\pi)]}{x[\pi + p*(1-\pi)] + (1-\pi)(1-p)}\right]\right)dP^0(x)\right\} \quad (3.38)$$

其中 P^0 表示 $\theta = 0$ 时，随机变量的概率测度。根据式（3.28）可知，$\lim_{n\to\infty} Q^n G(\pi) = S(\pi)$，那么最优停止区域的边界 π^* 可以通过序列 $\{\pi_n^*\}$ 来逼近，其中 π_n^* 满足

$$\pi_n^* = \inf\{\pi \in [0,1] \mid Q^n G(\pi) = G(\pi)\} \quad (3.39)$$

同时根据贝叶斯概率公式可以得到概率过程 $\{\pi_k\}$ 满足如下递归关系：

$$\pi_k = \frac{f^0(x_k)/f^\infty(x_k)[\pi_{k-1} + p(1-\pi_{k-1})]}{f^0(x_k)/f^\infty(x_k)[\pi_{k-1} + p(1-\pi_{k-1})] + (1-p)(1-\pi_{k-1})} \quad (3.40)$$

其中 f^0 表示 $\theta = 0$ 时随机变量 x_k 的概率密度函数，f^∞ 表示 $\theta = \infty$ 时随机变量 x_k 的概率密度函数。根据概率过程 $\{\pi_k\}$ 的递归关系和每一时点 k 处的随机变量 x_k 的取值，可以实时逐点地计算出 π_k 的取值，然后与 π^* 进行比较，就能够推断出 θ 所处的位置。

3.2.2.2 连续过程的最优停止区域

随机过程 $x = (x_t)_{t\geq 0}$ 是概率空间 $(\Omega, \mathcal{F}, (\mathcal{F}_t)_{t\geq 0}, P_x)$ 上的马尔科夫过程，定义在 $\mathbb{R}^d$ 上，并且在所有停时点的左右都连续，那么考虑该连续过程下的最优停时问题

$$V(x) = \sup_\tau E_x G(X_\tau) \quad (3.41)$$

类似离散过程下最优停时的性质，在连续过程中同样存在两个区域

$$\begin{aligned} C &= \{x \in \mathbb{R}^d : V(x) > G(x)\} \\ D &= \{x \in \mathbb{R}^d : V(x) = G(x)\} \end{aligned} \quad (3.42)$$

那么停时 τ_D 是过程 x_t 首次进入区域 D 的时间

$$\tau_D = \inf\{t \geq 0 : x_t \in D\} \quad (3.43)$$

在连续过程下，同样可以定义上调和函数。当可测函数 F 对于所有停时点 τ 均满足

$$E_x F(x_\tau) \leqslant F(x) \tag{3.44}$$

那么称函数 F 具有上调和性。对于连续过程下的最优停时问题，有如下定理：

定理 3.2.5 存在一个最优停时 τ^* 是最优停时问题（3.41）的解，满足

$$V(x) = E_x G(x_{\tau^*}) \tag{3.45}$$

那么目标函数 $V(x)$ 是大于 $G(x)$ 的最小的上调和函数。停时 τ_D 是最优停时问题（3.41）的解，并且满足 $\tau_D < \tau^*$。

证明：参见 3.3 节。

3.2.3 自由边界微分方程

在 3.2.2 节的定理中已经证明，最优停时问题的解可以表示成随机过程进入最优停止区域 D 的首达时间，并且目标函数 $V(x)$ 是大于等于回报函数最小的上调和函数。因此，如果要完全求解出最优停时问题，便只需要寻找到停止区域 D 或它的补集 C 以及回报函数 $G(x)$ 的最小上调和函数即可。根据随机过程的马尔科夫性可以发现，目标函数 $V(x)$ 正好是一个自由边界随机微分方程组的解。所以，可以将自由停时问题转化为微分方程来求解，本节后面的内容，将会详细说明这两者之间的关系。

在随机过程 $\{x_t\}$ 的空间 $\mathbb{R}^d$ 中定义一个开集 $C \subset \mathbb{R}^d$，C 的补集是 $D = C^c = \mathbb{R}^d / C$。停时 τ_D 和前一节的定义相同，表示随机过程首次进入区域 D 的时间

$$\tau_D = \inf\{t \geqslant 0 : x_t \in D\} \tag{3.46}$$

定义可测函数 G，F 是函数 G 在随机过程初值为 x 下的条件期望

$$F(x) = E_x G(x_{\tau_D}) \tag{3.47}$$

引入平移算符算符 ζ_t，表示将过程平移 t 时长，$\zeta_t(w)(s) = w(s+t)$。那么随机过程 $\{x_t\}$ 的马尔可夫性可以表示成

$$P_x(\zeta_t x_s \mid \mathcal{F}_t) = P_{x_t}(x_s) \tag{3.48}$$

对于任意停时 τ，根据马尔可夫性则可以得到

$$E_x(\zeta_\tau F(x_t) \mid \mathcal{F}_\tau) = E_{x_\tau} F(x_t) \tag{3.49}$$

需要注意的是，当停时 τ 表示进入到某个区域或集合的时间，τ 也是基于随机过程 $\{x_t\}$ 的一个随机变量，如果 $\tau \geqslant \tau'$，其中 τ' 是另一个停时，那么满足等式：

$$\begin{aligned} \tau &= \tau' + \zeta_\tau \tau \\ \zeta_\tau, x_\tau &= x_{\tau' + \zeta_\tau \tau} \end{aligned} \tag{3.50}$$

定理 3.2.6 给出了条件期望与微分方程解之间的关系。

定理 3.2.6 给定一个连续函数 $G: \partial C \to \mathbb{R}$，其中 ∂C 表示区域 C 的表面或边界，那么停时 τ_D 下的条件期望为

$$F(x) = E_x G(x_{\tau_D}) \tag{3.51}$$

函数 F 是如下狄利克雷（Dirichlet problem）微分方程的解

$$\begin{aligned} \mathcal{L}_x F &= 0, \quad x \in C \\ F|_{\partial C} &= M \end{aligned} \tag{3.52}$$

其中算符 $\mathcal{L}_x$ 的定义为

$$\mathcal{L}_x F(x) = \lim_{t \downarrow 0} \frac{F(x_t) - F(x)}{t} \tag{3.53}$$

上述微分方程被称作自由边界微分方程，这是因为方程中除了函数 $F(x)$ 未知外，边界 ∂C 或者区域 C 也是未知需要求解的。定理 3.2.6 的证明如下。

假设几何或区域 C 中存在一个有界的开集 U，使得 $x \in U \subset C$，根据马尔可夫性有

$$\begin{aligned} E_x F(x_{\tau_{U^C}}) &= E_x E_{x_{\tau_U^C}} M(x_{\tau_D}) = E_x E_x (\zeta_{\tau_{U^C}} M(x_{\tau_D}) \mid \mathcal{F}_{\tau_{U^C}}) \\ &= E_x M(x_{\tau_{U^C} + \zeta_{\tau_{U^C}} \tau_D}) = E_x M(x_{\tau_D}) = F(x) \end{aligned} \tag{3.54}$$

其中 $\tau_{U^C} = \inf\{t > 0 \mid x_t \in U^C\}$，$U^C$ 是集合 U 的补集。根据公式（3.54），不断缩小集合 U 的大小并趋向于 x 则可以得到极限

$$\lim_{U \downarrow x} \frac{E_x F(x_{\tau_{U^C}}) - F(x)}{E_x \tau_{U^C}} = 0 \qquad (3.55)$$

同时，注意到当 $U \to x$ 时，$E_x \tau_{U^C} \to 0$，所以函数 $F(x)$ 满足微分方程 $\mathbb{L}_x F = 0$。而如果 x 就在 C 的表面或边缘上，由于 C 是开集，那么 $\partial C \in D$。所以 $x_{\tau_D} = x$，$E_x M(x_{\tau_D}) = M(x)$。因此，函数 $F(x)$ 是微分方程（3.52）的解。

回到最优停时问题上，如果区域 D 是停时问题（3.40）的最优停止区域，目标函数应该满足

$$V(x) = E_x G(x_{\tau_D}) \qquad (3.56)$$

那么，根据定理 3.2.6，目标函数 $V(x)$ 是如下狄利克雷问题的解

$$\begin{aligned} &\mathcal{L}_x V = 0, \quad x \in C \\ &V|_D = G|_D \end{aligned} \qquad (3.57)$$

于是，通过求解狄利克雷自由边界微分方程，就能得到目标函数 $V(x)$，最优停止区域 D 和相应的最优停时 τ_D。但需要注意的是，式（3.57）和原狄利克雷问题（3.52）存在一些差异。式（3.52）的第二个微分方程是在区域 C 的边界或表面 ∂C 上成立，而式（3.57）的第二个微分方程是在最优停止区域 D 上成立。根据定理 3.2.5，目标函数 $V(x)$ 是回报函数 $G(x)$ 的最小上调和函数，因此在区域 D 和区域 C 的边界 ∂C 上，函数 $V(x)$ 还需要满足额外的两个条件。

首先是 smooth-fit 条件，当随机过程 x_t 的起点就在 ∂C 上，如果 x_t 瞬间进入区域 D，并且保持 $V(x) = G(x)$，这意味着目标函数值随 x 的变化应该与回报函数相同，所以有

$$\left.\frac{\partial V}{\partial x}\right|_{\partial C} = \left.\frac{\partial G}{\partial x}\right|_{\partial C} \qquad (3.58)$$

其次是 continuous-fit 条件，同样当随机过程 x_t 的起点在 ∂C 上，但是 x_t 有跳跃，并没有马上进入区域 D，但在边界上 $V(x)$ 的仍然要保持连续，所以可以得到

$$V|_{\partial C} = G|_{\partial C} \qquad (3.59)$$

利用目标函数在边界上满足的这两个条件，有助于求解出最优停时问题中的停止区域和停止边界。

3.3 附录

3.3.1 定理 3.2.1 证明

可以注意到 $\{\pi_k\}$ 是 k 上的半鞅

$$E\{\pi_{k+1} | \mathcal{F}_k\} = E\{P(\theta < k+1 | \mathcal{F}_{k+1}) | \mathcal{F}_k\} = P(\theta \langle k | \mathcal{F}_k) + P(\theta = k | \mathcal{F}_k)$$
$$\geqslant P(\theta < k | \mathcal{F}_k) = \pi_k \qquad (3.60)$$

目标函数中的犯错概率可以用 $\{\pi_k\}$ 表示为

$$P(\tau < \theta) = E\{1_{\{\tau < \theta\}}\} = E\{1 - \pi_\tau\} \qquad (3.61)$$

而滞后时长,也可以通过概率序列 $\{\pi_k\}$ 来表示。

$$E\{\tau - \theta\}^+ = \sum_{m=0}^{\tau}(\tau - m)P(\theta = m | \mathcal{F}_\tau)$$
$$= \sum_{m=0}^{\tau} P(\theta \leqslant m | \mathcal{F}_\tau) \qquad (3.62)$$
$$= \sum_{m=0}^{\tau} \pi_m + M_\tau$$

其中

$$M_\tau = \sum_{m=0}^{\tau-1}\left[P(\theta \leqslant m | \mathcal{F}_\tau) - \pi_m\right] \qquad (3.63)$$

根据条件期望迭代公式,由于 $\tau - 1 \subset \tau$,所以有

$$E\{P(\theta \leqslant m | \mathcal{F}_\tau) | \mathcal{F}_{\tau-1}\} = E\{E\{1_{\{\theta \leqslant m\}} | \mathcal{F}_\tau\} | \mathcal{F}_{\tau-1}\}$$
$$= E\{1_{\{\theta \leqslant m\}} |_{\tau-1}\} = P(\theta \leqslant m | \mathcal{F}_{\tau-1}) \qquad (3.64)$$

因此,可以发现

$$E\{P(t \leqslant m \mid \mathcal{F}_\tau) \mid \mathcal{F}_m\} = \pi_m$$
$$E\{M_\tau \mid \mathcal{F}_{\tau-1}\} = M_{\tau-1} \quad (3.65)$$

同时，也能够得到

$$M_\tau = \sum_{m=0}^{\tau-1}[P(\theta > m \mid \mathcal{F}_m) - P(\theta > m \mid \mathcal{F}_\tau)]$$
$$= \sum_{m=0}^{\infty}[E\{P(\theta > m \mid \mathcal{F}_m) \mid \mathcal{F}_\tau\} - P(\theta > m \mid \mathcal{F}_\tau)] \quad (3.66)$$

所以有如下关系式

$$M_0 = \sum_{m=0}^{\infty}[E\{P(\theta > m \mid \mathcal{F}_m) \mid \mathcal{F}_0\} - P(\theta > m \mid \mathcal{F}_0)] = 0 \quad (3.67)$$

因此，$E\{M_\tau\} = M_0 = 0$。

3.3.2　定理 3.2.2 证明

根据 τ_D 的定义，可以得到

$$V^{N-\tau_D}(x_{\tau_D}) = G(x_{\tau_D}) \quad (3.68)$$

对上式两边同时取条件期望 E_x，$E_x V^{N-\tau_D}(x_{\tau_D}) = E_x G(x_{\tau_D})$。因为 $V^N(x) = \sup_{0 \leqslant \tau \leqslant N} E_x(x_\tau)$，所以

$$E_x V^{N-\tau_D}(x_{\tau_D}) \leqslant V^N(x) \quad (3.69)$$

同时有注意到 $V^n(x) = \max(G(x), TV^{n-1}(x))$，那么有

$$V^{N-\tau_D}(x) = \max(G(x), TV^{N-\tau_D-1}(x)) \quad (3.70)$$

这意味着 $V^{N-\tau_D}(x) \geqslant G(x)$，同样两边取条件期望 E_x，便可以得到 $E_x V^{N-\tau_D}(x) \geqslant E_x G(x)$，因此有 $E_x V^{N-\tau_D}(x) \geqslant V^N(x)$。结合两个不等式可以发现 $E_x V^{N-\tau_D}(x_{\tau_D}) = V^N(x)$，那么 $E_x G(x_{\tau_D}) = V^N(x)$，所以 τ_D 是最优停时问题（3.25）的解。

如果存在 τ^* 同样是最优停时问题（3.25）的解，如果 $\tau^* < \tau_D$，那么就意味着 x_{τ^*} 在区域 C_n 中，所以有 $G(x_{\tau^*}) < V^{N-\tau^*}(x_{\tau^*})$。不等式两边取条件期望 E_x，则有

$$E_x G(x_{\tau^*}) < E_x V^{N-\tau^*}(x_{\tau^*}) \geqslant V^N(x) \quad (3.71)$$

上式结果和 τ^* 同样是最优停时问题（3.25）的解相矛盾，所以 $\tau^* \geqslant \tau_D$。

因为 $V^n(x) = \max(G(x), TV^{n-1}(x))$，这意味着 $V^{N-n}(x_n) \geqslant E_{x_n}V^{N-n-1}(x_{n+1})$，说明 $(V^{N-n}(x_n))_{0 \leqslant n \leqslant N}$ 是一个上鞅。并且 $V^{N-n}(x_n) > G(x_n)$。那么如果假设同样存在一个大于 $(G(x_n))_{0 \leqslant n \leqslant N}$ 的上鞅 $\tilde{V}^{N-n}(x_n)$，那么一定满足 $\tilde{V}^{N-n}(x_n) > V^{N-n}(x_n)$。注意到当 $n = N$ 时，$V^0(x_N) = G(x_N)$，所以 $\tilde{V}^0(x_N) \geqslant G(x_N) = V^0(x_N)$。利用数学归纳法，当 $n = l$ 时，$\tilde{V}^{N-l}(x_l) \geqslant V^{N-l}(x_l)$ 成立，那么当 $n = l-1$ 时有 $V^{N-l+1}(x_{l-1}) = \max(G(x_{l-1}), TV^{N-l}(x_{l-1}))) \geqslant \max(G(x_{l-1}), T\tilde{V}^{N-l}(x_l)) \geqslant \tilde{V}^{N-l+1}(x_{l-1})$。

3.3.3　定理 3.2.5 证明

根据马尔可夫性，可以得到

$$E_x V(x_\tau) = E_x E_{x_\tau} G(x_{\tau^*}) = E_x(\zeta_\tau G(x_{\tau^*}) | \mathcal{F}_\tau) \\ = E_x G(x_{\tau + \zeta_\tau \tau^*}) \leqslant \sup_\tau E_x G(x_\tau) = V(x) \tag{3.72}$$

如果存在另一个函数 F 是大于 G 的上调和函数，就意味着对于所有停时 τ，均有如下不等式成立

$$E_x G(x_\tau) \leqslant E_x F(x_\tau)|) \leqslant F(x) \tag{3.73}$$

对上式在所有停时点上取上确界，则有

$$V(x) = \sup_\tau E_x G(x_\tau) \leqslant \sup_\tau E_x F(x_\tau) \geqslant F(x) \tag{3.74}$$

所以 $V(x)$ 是最小的上调和函数。

如果 $\tau^* < \tau_D$，就意味着此时 x_{τ^*} 不在最优停止区域 D 内，那么便有 $G(x_{\tau^*}) < V(x_{\tau^*})$，不等式两边取条件期望 E_x，便可得到 $E_x G(x_{\tau^*}) < E_x V(x_{\tau^*}) \leqslant V(x)$，这与 τ^* 是最优相矛盾。根据可选抽样定理（optional sampling theorem），当停时 $\tau < \tau'$，有如下的不等式关系

$$E_x V(x_{\tau'}) < E_x V(x_\tau) \tag{3.75}$$

所以，已经证明 $\tau_D < \tau^*$，那么有

$$V(x) = E_x G(x_{\tau^*}) \leqslant E_x V(x_{\tau^*}) \leqslant E_x V(x_{\tau_D}) = E_x G(x_{\tau_D}) \leqslant V(x) \tag{3.76}$$

结合上述不等式两端可知如果不等式要成立，那么只能取等号，所以 $E_x G(x_{\tau_D}) = V(x)$，即证明了停时 τ_D 是最优停时问题（3.40）的解。

第4章 高频数据下的股价趋势分析及投资策略

4.1 引言

动量效应存在于世界各个国家的金融市场,并有着悠久的历史。杰尔迪什和蒂特曼(Jegadeesh and Titman,2001)首次在学术上证明了股票收益率在横截面上存在动量效应。如果投资者买入上一期收益率较高的股票,卖出收益率较低的股票则能够获得显著的超额收益。除了横截面上存在动量效应外,收益率的时间序列上,也存在动量效应。马斯克维茨等(Moskowitz et al.,2012)基于股票、期货等金融资产收益率,发现如果某个金融资产在过去一段时间上涨,那么在之后也有极大可能呈延续上涨的趋势。

关于动量效应的成因可能是来源于投资者对新信息的反应不足。巴贝里斯等(Barberis et al.,2005)提出的BSV模型认为投资者可能过度关注事件对股票价格的影响,而忽略了事件的真实性,导致股票价格呈现出动量效应。而丹尼尔等(Daniel et al.,2001)认为,投资者会对自己所掌握的私人信息过度自信,缺少对公开信息的关注。因此,当投资者的私人信息利好或利空时,股票价格往往会因此被过度推高或压低,股价表现出一定期限内的动量效应。但是股价偏离基本面价值的情况并不会持续很久,一旦事件的真实性被市场怀疑，或者投资者开始注意到市场上的公开信息，那么股价便会开始回归，之前的动量效应消失，取而代之的是反转效应。所以动量效应在市场上并不稳定，相反往往会出现动量效应崩溃的情况，使得动量效应与反转效应交替出现。丹尼尔和马斯克维茨（Daniel and Moskowitz, 2016）发现在危机期间，或者经济形势不好，市场整体下跌的时候，动量效应往往会失效。当市场环境一旦开始修复，那么前期表现较差的股票，会反弹得更快，收益率更高。李和斯瓦米纳森（Lee and Swaminathan, 2000）也从成交量的角度出发，分析了动量效应的生命周期。当股票价格趋势上涨时，如果成交量降低，那么动量效应往往会随之减弱，变为反转效应。

因此动量效应并不一直存在，而是具有一定的周期性特征。在中国股票市场上，大量实证研究表明，从3到12个月的中长期来看，并不存在动量效应，而反转效应更加明显（王永宏和赵学军，2001；杨炘和陈展辉，2004；马超群和张浩，2005；贺云龙 和皮天雷，2006；郭磊，吴冲锋和刘海龙，2007；方立兵，曾勇和郭炳伸，2011；黄卫华，2015）。而在一个月的短周期下，则存在动量效应。潘莉和徐建国（2011）系统地从 1~10 天、1~8 周、1~12 个月和 1~5 年四个时间维度上，分析了中国股票市场上的动量效应特征。实证结果表明，在持有期为 1 天、或 2~3 周上存在比较明显的动量效应。相反，在 1~2 月，以及 2~5 年的时间跨度上，存在显著的反转效应。谭小芬和林雨菲（2012），高秋明等（2014）也得出了类似的结论。

基于动量效应，市场上的投资者能够运用趋势跟踪策略来交易资产获得收益。趋势跟踪策略是指在上涨趋势刚刚开始的时候买入资产，在上涨趋势已经结束，或刚进入下跌趋势时卖出资产。趋势跟踪策略能够把握资产价格的单边变化来获得收益。所以对于趋势跟踪策略的投资者而言，核心问题便是分析趋势是否延续或者反转是否开始。但是由于投资者的信息并不完全，只包含了观察到的资产价格序列，价格背后的数据生成过程则不得而知。因此，如果股票价格背后的过程发生改变，导致资产收益率的概率分布产生变化，致使趋势结束出现反转，而投资者此时对收益率分布发生了变化一无所知，那么只能依靠自身的经验来进行投资决策。查尔斯道提出的道氏理论和其衍生的技术分析便是一种用来判断资产价格趋势变化的决策方法，例如，王庆宗（2010）以华夏上证 ETF 作为实证资产，利用 20 日和 60 日的移动平均线来构建动量策略，并发现可以获得超额收益。但是，由于趋势方向的变换具有较强的随机性，无法预先知道趋势的持续时间，所以趋势策略的投资者难以在趋势反转时及时退出市场，产生较大亏损。同时，运用技术指标分析资产价格趋势往往依赖于历史数据特征和主观经验，也没有考虑到股价波动所带来的风险，缺少有效的统计理论支持，从而导致分析的结果并不一定准确（戴洁和武康平，2002）。

因此，本章运用随机无序模型，来研究在不完全信息下的投资策略。基于中国股票市场的趋势特征和动量效应的周期变化，分析当无法预知股价的动量效应是否持续，反转效应是否出现会出现的情况下，投资者将如何进行最优的投资决策。卢维伦和尚肯（Lewellen and Shanken，2002）发现，投资者对股票定价中的概率分布参数往往无法确定，必须通过市场数据不断学习了解股价的概率分布。本章的模型将基于贝叶斯推断，分析股票投资者对股价趋势是否发生改变的判断思路，并以此构建了一个后验概率过程的最优停时问题。通过求解最优停时问题，模型给出了判断趋势是否发生改变的阈值标准，当后验概率比值超过阈值时，投资者便能同时控制住时间成本和犯错概率，识别出股价的趋势发生改变。

4.2 模型设定及求解

4.2.1 高频数据下股价随机过程建模

假设股票对数价格的随机过程满足如下方程

$$X_t = \mu_1 t + (\mu_2 - \mu_1)(t-\theta)^+ + \sigma B_t + \sum_{k=1}^{N_t} J_k \tag{4.1}$$

参数 μ_1 和 μ_2 分别表示股票价格的两种趋势，不失一般性，这里假设 $\mu_1 > 0$，表示上涨趋势，$\mu_2 < 0$ 表示下跌趋势。参数 θ 表示趋势发生改变的时间点，当 $t < \theta$ 时，股价的漂移项为 $\mu_1 t$，趋势上涨。而当 $t > \theta$ 时，漂移项为 $\mu_2 t$，趋势发生改变，变为下跌。σB_t表示股票对数价格的波动，σ是扩散项系数，B_t是标准的布朗运动。由于在高频数据下，股票价格往往会出现跳跃，因此在方程中引入跳跃过程，其中N_t表示到时间t为止，发生跳跃的次数，服从泊松过程$N_t \sim \text{Poisson}(\lambda t)$，$J_k$表示第$k$次跳跃的大小，满足指数分布，且以$1/2$的概率正向跳动$1/2$的概率负向跳动，那么$J_k$的概率密度函数可以表示成

$$m(j) = \frac{1}{2\eta} e^{-|j|/\eta}。$$

对于投资者而言，参数θ的相关信息完全未知，无法得知θ所处的位置，只能凭借自身经验得到一个先验概率分布。

$$\begin{aligned} P(\theta = 0) &= p \in [0,1] \\ P(\theta > t \mid \theta > 0) &= e^{-rt} \end{aligned} \quad (4.2)$$

对于投资者而言，需要在股价趋势发生变化后，尽快识别出来，采取合适的投资策略以获得收益或控制亏损。因此用停时$t=\tau$表示投资者推断趋势已经发生改变的时间点。那么按照随机无序模型的理论，在进行推断时投资者需要考虑两方面的因素，第一个是判断错误的概率$P^x(\tau < \theta)$，第二个是滞后时长$cE^x(\tau - \theta)^+$。这里$P^x(\cdot) = P(\cdot \mid X_0 = x)$，$E^x(\cdot) = E(\cdot \mid X_0 = x)$。那么最优的推测时点$\tau^*$，应该使这两个因素之和最小，所以投资者的优化模型和值函数$V(x)$为

$$V(x) = \inf_{\tau \in \mathcal{J}} P^x(\tau < \theta) + cE^x(\tau - \theta)^+ \quad (4.3)$$

4.2.2 基于带跳跃过程的布朗运动的随机无序模型的求解

卢埃林和尚者（Lewellen and Shanken，2002）提出，投资者可以学习新出现的股票数据，来推断收益率的分布情况。因此，$\mathcal{F}_t^x$是由X_t生成的σ域，可以用来表示投资者掌握的信息集。那么投资者基于该信息集可以得到在t时刻，趋势是否发生改变的后验概率为

$$\pi_t = P^x(\theta \leq t \mid \mathcal{F}_t^x) \quad (4.4)$$

根据定理3.2.1，优化问题（4.3）可以表示为后验概率过程π_t的最优停时问题。

$$V(x) = \inf_{\tau \in \mathcal{J}} E^x \left(1 - \pi_\tau + c \int_0^\tau \pi_s \mathrm{d}s \right) \qquad (4.5)$$

定理 3.2.4 说明了最优停时问题的值函数 $V(x)$ 和最优停时 τ^* 可以通过求解自由边界微分方程得到。所以，接下来首先需要计算出后验概率过程 π_t 的无穷小生成元（infinitesimal generator）$\mathcal{A}$，然后列出自由边界微分方程进行求解。

假设概率测度 P_s^x，表示当 $\theta = s$ 时，过程 X_t 的概率分布。那么 P_0^x 是趋势从一开始就发生改变，漂移项系数等于 μ_2 时的概率测度。相反 P_∞^x 则表示股价趋势永远不发生改变，漂移项系数始终等于 μ_1 时的概率测度。那么在 P_∞^x 下，随机变量 X_t 的拉普拉斯变换为

$$\psi_\infty(\gamma) = \log E_\infty^x(\mathrm{e}^{\gamma X_1}) = 1/2 \gamma^2 \sigma^2 + \mu_1 \gamma + \lambda \int (\mathrm{e}^{\gamma x} - 1) m(x) \mathrm{d}x \qquad (4.6)$$

由此可以得到 P_0^x 和 P_∞^x 测度变换的拉东-尼柯迪姆导数（Radon-Nikodým derivatives）

$$R_t = \frac{\mathrm{d}P_0^x}{\mathrm{d}P_t^x} = \frac{\mathrm{d}P_0^x}{\mathrm{d}P_\infty^x} = \mathrm{e}^{\gamma_0 X_t - \psi_\infty(\gamma_0) t} \qquad (4.7)$$

其中 $\gamma_0 = \dfrac{\mu_2 - \mu_1}{\sigma^2}$。概率测度 P^x 可表示成

$$P^x = p P_0^x + (1-p) \int_0^\infty P_s^x r \mathrm{e}^{-rs} \mathrm{d}s \qquad (4.8)$$

那么，后验概率过程 π_t 的表达式为

$$\pi_t = p \frac{\mathrm{d}P_0^x}{\mathrm{d}P^x} + (1-p) \int_0^t \frac{\mathrm{d}P_s^x}{\mathrm{d}P^x} r \mathrm{e}^{-rs} \mathrm{d}s \qquad (4.9)$$

同理可以得到

$$1 - \pi_t = (1-p) \mathrm{e}^{-rt} \frac{\mathrm{d}P_t^x}{\mathrm{d}P^x} \qquad (4.10)$$

定理 4.2.1 当随机过程为

$$X_t = \mu_1 t + (\mu_2 - \mu_1)(t - \theta)^+ + \sigma B_t + \sum_{k=1}^{N_t} J_k \qquad (4.11)$$

其中 $N_t \sim \mathrm{Poisson}(\lambda t)$，$J_k \sim \dfrac{1}{2\eta} \mathrm{e}^{-|J|/\eta}$。如果随机停时 θ 存在先验概率分布

$$\begin{aligned} P(\theta = 0) &= p \in [0,1] \\ P(\theta > t | \theta > 0) &= \mathrm{e}^{-rt} \end{aligned} \qquad (4.12)$$

那么可以定义概率过程 $\pi_t = P^x(\theta \leq t | \mathcal{F}_t^x)$，其无穷小生成元为

$$\mathcal{A}f(x) = rf'(x)(1-x) + \frac{1}{2}f''(x)\sigma^2\gamma_0^2 x^2(1-x)^2 + \\ \lambda \int \left[f\left(\frac{xe^{\gamma_0 y}}{1+x(e^{\gamma_0 y}-1)}\right) - f(x) \right] m(y)\mathrm{d}y \quad (4.13)$$

证明：参见 4.7 节。

那么列出该模型下的自由边界微分方程

$$\begin{aligned} \mathcal{A}f(x) &= -cx, 0 \leq x < \pi^* \\ f(x) &= 1-x, \pi^* \leq x \leq 1 \end{aligned} \quad (4.14)$$

其中 π^* 表示对于后验概率过程 π_t 的最优边界，所以对于最优停时问题（4.5），其停止区域 $D=[\pi^*,1]$，持续区域 $C=[0,\pi^*)$，最优停时问题的平滑（Smooth-fit）条件和连续（continuous-fit）条件为

$$\begin{aligned} f(\pi^*) &= 1-\pi^* \\ f'\pi^* &= -1 \\ f'(0) &= 0 \end{aligned} \quad (4.15)$$

定理 4.2.2 给出了上述自由边界微分方程组的解。

定理 4.2.2 对于自由边界微分方程（4.14），并且边界条件满足公式（4.15），当随机过程的最小生成元是公式（4.13）时，微分方程的解 $f(x)$ 的一阶导数 $f'(x)$ 具有多项式的形式

$$f'(x) = \sum_{n=1}^{3} a_n x^n \quad (4.16)$$

其中多项式的系数为

$$\begin{aligned} a_1 &= -\frac{c}{r}, \\ a_2 &= -\frac{c(-2r + 8r\eta^2\gamma_0^2 + 4\eta^2\lambda\gamma_0^2 + \sigma^2\gamma_0^2 - 4\eta^2\sigma^2\gamma_0^4)}{2r^2(-1+4\eta^2\gamma_0^2)} \\ a_3 &= -\frac{c}{2r^3(1-13\eta^2\gamma_0^2 + 36\eta^4\gamma_0^4)}[2r^2 - r(26r\eta^2 + \sigma^2)\gamma_0^2 + \\ &\quad (72r^2\eta^4 + 60r\eta^4\lambda + 12\eta^4\lambda^2 + 13r\eta^2\sigma^2 + 7\eta^2\lambda\sigma^2 + \sigma^4)\gamma_0^4 - \\ &\quad \eta^2\sigma^2(36r\eta^2 + 48\eta^2\lambda + 13\sigma^2)\gamma_0^6 + 36\eta^4\sigma^4\gamma_0^8] \end{aligned} \quad (4.17)$$

最优边界 π^*，便是方程 $f'(\pi^*) = -1$ 的解。

证明：参见 4.7 节。

所以，最优停时问题（4.5）的解 τ^* 是后验概率过程 π_t 首次超过最优边界 π^* 的时刻，即 $\tau^* = \inf\{t > 0 \mid \pi_t \geq \pi^*\}$。

考虑到按照最小生成元来逐点计算后验概率过程 π_t 十分复杂，并且观测到的市场数据也并不是连续过程，所以对结果进行离散化处理，以方便实际地运算与求解。假设股票价格过程的等间隔时间点为 $t_0, t_1, t_2, \cdots$，时间间隔定义成 $\Delta t = t_{i+1} - t_i$，用 $X_0, X_1, X_2, \cdots$，来表示各个时间点的股票价格 $X_{t_0}, X_{t_1}, \cdots$。相应的拉东-尼柯迪姆导数 R_n 用离散数据来表示为

$$R_n = e^{\gamma_0 X_n - \psi_\infty(\gamma_0) n \Delta t} = \prod_{i=1}^{n} e^{\gamma_0 (X_i - X_{i-1}) - \psi_\infty(\gamma_0)} \tag{4.18}$$

定义过程 ϕ_t

$$\phi_t = \frac{\pi_t}{1 - \pi_t} = e^{rt} R_t \left(\frac{p}{1-p} + \int_0^t \frac{r e^{-rs}}{R_s} ds \right) \tag{4.19}$$

在离散情况下，过程 ϕ_t 能够表示为

$$\phi_n = e^{r \times n \Delta t} R_n \left(\frac{p}{1-p} + \sum_{i}^{n-1} \frac{r e^{-r i \Delta t}}{R_i} \right) \tag{4.20}$$

可以发现，ϕ_{n+1} 和 ϕ_n 之间存在如下的递归关系

$$\phi_{n+1} = e^{r \Delta t + \gamma_0 (X_{n+1} - X_n) - \psi_\infty(\gamma_0)} (\phi_n + r) \tag{4.21}$$

因此，能够十分方便地计算出每个时点 ϕ_n 的取值。考虑到 $\phi_t = \dfrac{\pi_t}{1 - \pi_t}$，相应的最优停时 τ^* 为 $\tau^* = \min\left\{ n \in N : \phi_n \geq \dfrac{\pi^*}{1 - \pi^*} \right\}$。$\phi_t$ 也被称为 Shiryaev-Roberts 统计量（SR 统计量）。从递归关系式中的 $\gamma_0(X_{n+1} - X_n)$ 项可以发现，如果 $\mu_1 > 0$，并且 $\mu_2 < 0$ 时，$\gamma_0 < 0$，则股票变化 $X_{n+1} - X_n < 0$ 时，过程 ϕ_{n+1} 增加，$X_{n+1} - X_n > 0$ 时，ϕ_{n+1} 减少。这说明当股价变动的方向与当前趋势方向相反时，SR 统计量会向最优停止区域靠近，相反股价变动方向与当前趋势方向相同时，SR 统计量则会远离最优停止区域。

4.3 数值分析

4.3.1 模型参数的敏感性分析

最优停时的边界 π^* 满足的方程是超越方程,无法得到解析解的结果。本章将假定具体的模型参数取值,数值求解出最优停时的边界 $\dfrac{\pi^*}{1-\pi^*}$。该边界反映了投资者判断股价趋势是否发生改变的难易程度,边界值越大,意味着后验概率过程越难达到最优停止区域。从目标函数的结构来看,停时的边界越高,投资者愿意承受更多时间滞后的成本,多收集股票价格的数据,在更晚的时刻做出推断,以降低犯错的概率。

假设模型参数的基准取值分别为 $\mu_1 = 0.0015$,$\sigma = 0.1$,$\lambda = 0.04$ 和 $\eta = 0.2$。同时,不失一般性,假设股价趋势将由上升转变为下跌,那么变化后的价格过程漂移项系数为 $\mu_2 = -w\mu_1$,$w > 0$,其基准取值为1,表示股价趋势速度的变化。然后进一步分析模型中各个参数对最优停止边界大小的影响,在保持其他参数等于基准取值的情况下,改变其中一个参数的取值,研究最优停止区域的边界对各个参数的敏感性。表 4.1 为最优停止边界的数值解和敏感性分析结果。

表 4.1 最优停止边界的数值结果和敏感性分析

Panel A							
μ_1	0.0015	0.002	0.0025	0.003	0.0035	0.004	0.0045
边界大小	2.67	1.84	1.17	0.79	0.58	0.44	0.35
Panel B							
σ	0.1	0.11	0.12	0.13	0.14	0.15	0.16
边界大小	2.67	2.82	2.85	2.81	2.75	2.70	2.64

续表

Panel C							
λ	0.04	0.045	0.05	0.055	0.06	0.065	0.07
边界大小	2.67	2.60	2.55	2.49	2.43	2.38	2.33

Panel D							
η	0.2	0.22	0.24	0.26	0.28	0.3	0.32
边界大小	2.67	2.54	2.41	2.26	2.11	1.97	1.83

Panel E							
w	0.8	0.9	1	1.1	1.2	1.3	1.4
边界大小	2.27	2.50	2.67	2.79	2.84	2.88	2.92

注：基准取值分别为 $\mu_1=0.0015$，$\sigma=0.1$，$\lambda=0.04$，$\eta=0.2$ 和 $w=1$。

表 4.1 的 Panel A 是最优停止区域的边界在漂移项系数不同取值时的情况。可以发现，随着漂移项系数的增大，边界在逐渐降低。漂移项系数反映了股价趋势特征的强弱，漂移项系数相对扩散项系数越大，股价的趋势特征就越明显。所以一旦漂移项系数发生变化，价格趋势也会有更加显著的变化。此时，判断错误的概率会较小，所以投资者会更担忧决策滞后所带来的损失。

Panel B 是边界在不同扩散项系数下的取值。边界值随着扩散项的增大而呈现出先增后减的特征。这是因为扩散项系数反映了价格变化的不确定性，当扩散项系数增大，价格过程的波动增加，而趋势特征逐渐减弱时，如果漂移项系数发生改变，观察到的价格过程不一定会有明显变化，因此投资者为了避免判断错误，需要更高的边界值。但是，也需要注意到，扩散项系数的增加也会导致 SR 统计量中的 γ_0 项减小，即后验概率随价格变化的增减幅度也在下降。因此，当扩散项系数足够大时，投资者在观察到新的价格数据，更新信息集后，趋势改变的后验概率并不会发生较大的变化，那么相应的边界值也需要下降与之匹配。

同理，Panel C 和 Panel D 展示出当表示跳跃过程参数的 λ 和 η 增加时，边界随之下降。这说明，价格过程中如果跳跃的幅度越大，发生得越频繁，新的价格数据信息对后验概率的影响也就越小，所以边界也需要下降，以保证与 SR 统计量过程的大小相适应。

Panel E 是边界对于参数 w 的敏感性。在之前的分析中，仅假设股价趋势方向发生变化，而参数 w 则表示除了趋势方向发生变化，趋势的速度也会发生改变。当 $w<1$ 时，表明变化后，股价的趋势速度会减慢，趋势特征会减弱；相反，当 $w>1$ 时，意味着改变后趋势特征会增强。边界随参数 w 变化的结果也十分直观，当改变后的趋势特征越来越明显时，犯错概率越来越小，所以边界值会随之降低，以减少决策滞后的损失。

4.3.2 股价路径及趋势变点

本章基于 $\mu_1=0.0015$，$\sigma=0.1$，$\lambda=0.04$，$\eta=0.2$ 和 $w=1$ 的参数设定，模拟三种趋势改变的情况，趋势方向在 1/2 处、1/4 处和 3/4 处发生改变。模拟路径的样本长度为 500，逐点计算最优停止边界值和 SR 统计量，当 SR 统计量第一次超过边界进入到停止区域时，便是投资者判断出趋势发生改变的时刻 τ^*。图 4.1 展示了当 $\theta=250$，上涨趋势变为下跌趋势时的模拟路径和对应的 SR 统计量。

为了更清楚地展现 SR 统计量的变化，对 SR 统计量和边界值均作了对数处理。从图 4.1 中可以直观地发现，当价格过程快速上升时，SR 统计量会随之下降，而当价格过程以一个平稳的速率稳步增长时，SR 统计量没有明显变化。相反，当价格过程下降时，SR 统计量会迅速上升。当股价趋势在 $\theta=250$ 处发生改变后，SR 统计量在 $\tau^*=292$ 首次穿过边界，没有早于 θ，未发生判断错误的情况，决策滞后的程度相对较小。图 4.2 展示了趋势方向在 1/4 处发生改变的情形，此时投资者判断的时间点在 $\tau^*=213$，相对于在 1/2 处趋势方向发生改变的情形，如果在过程起点附近趋势改变，模型判断的时间点滞后程度会更大。图 4.3 是变点在 3/4 处的情况，最优停时为 $\tau^*=425$，滞后时间与 1/2 处的情形相近。图 4.4 所展示的趋势变化与之前的情形正好相反，股价由下跌趋势转变为上涨趋势而 θ 同样在 1/2 处。这种情况下，SR 统计量则会随着价格的上升而增加，相反，当价格大幅下降时，SR 统计量会随之减小，如果价格保持平稳或仅小幅下降时，SR 统计量则不会发生明显变化。模型的最优停时在 $\tau^*=309$，与价格过程由上升趋势转变为下降趋势的情况相近。

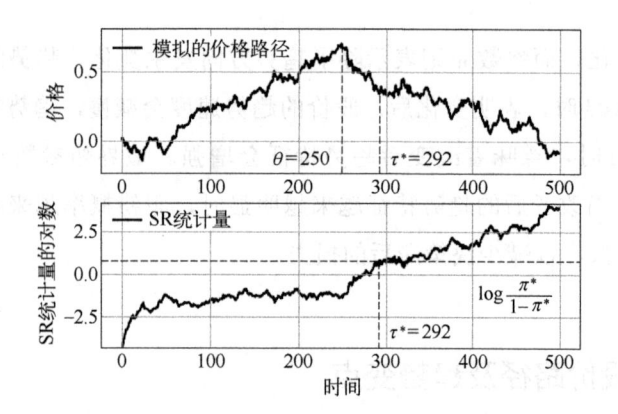

图 4.1 上涨趋势变为下跌趋势，$\theta=250$

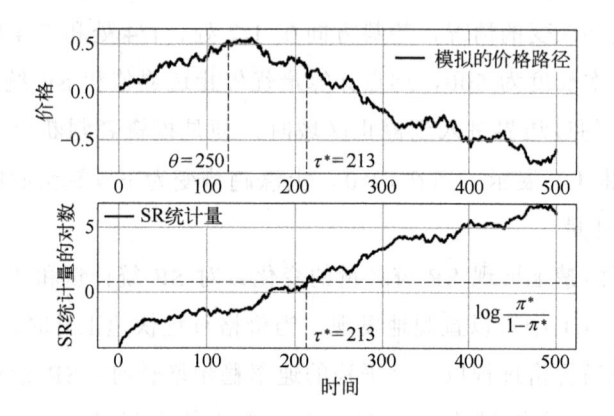

图 4.2 上涨趋势变为下跌趋势，$\theta=125$

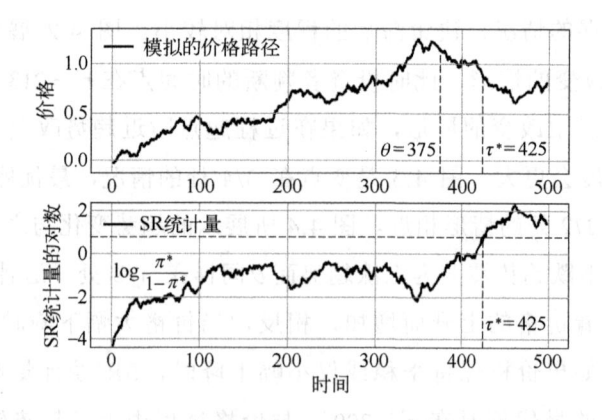

图 4.3 上涨趋势变为下跌趋势，$\theta=375$

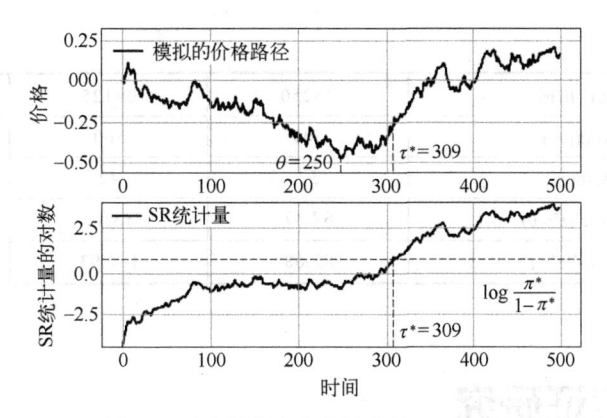

图 4.4 下跌趋势变为上涨趋势，$\theta=250$

考虑到模拟的随机性，本章对上述三种情况分别模拟了 1000 次，并计算了不同情况下 τ^* 的统计性质，得到的结果见表 4.2。当趋势方向发生改变的位置在过程的中间时，τ^* 的均值和 θ 差异最小，而当改变发生在过程起点或终点附近时，τ^* 的均值和 θ 的差异较大，其中变点在样本起始处附近的情况下，差异最大，随机无序模型的表现相对较差，这主要是因为在起始位置股票价格的信息较少，所以需要更长时间来观察价格过程，以保证犯错概率较低。所以相比 $\theta=250$ 和 $\theta=375$ 的情况而言，滞后的时间更长。同时也可以注意到，三种情况下 τ^* 最大值均等于 500，这说明出现了没有判断出趋势发生改变的情况。这是因为模拟路径的波动项系数 $\sigma=0.1$ 远远大于趋势项系数 μ_1 和 μ_2。所以在随机的情况下 τ^*，有可能出现即使趋势项系数已经发生改变，但是布朗运动的波动较大，股价运动的趋势并没有明显变化的情况，随机无序模型无法识别出这种情况下的变点。同理，三种情况下 τ^* 的最小值均为 50～60，都会出现早于真正的趋势变点 θ 的情况。这也是波动较剧烈导致股价在一开始就下跌所引起的。而在提前或滞后方面，随着趋势变点的位置向过程终点移动，τ^* 提前于 θ 的平均时长逐渐增加，滞后于 θ 的平均时长逐渐减少，这也从侧面说明了当收集到的历史数据足够充分时，可以更快地做出判断。

表 4.2 在参数 $\mu_1 = 0.0015, \mu_2 = -0.0015, \sigma = 0.1, \lambda = 0.04, \eta = 0.2$ 下停时的统计性质

统计指标	$\theta=250$	$\theta=125$	$\theta=375$
$E(\tau^*)$	271.46	220.91	310.33
$Std(\tau^*)$	91.64	71.15	121.3

续表

统计指标	θ=250	θ=125	θ=375
Max(τ^*)	500	500	500
Min(τ^*)	57	42	65
$E(\theta-\tau^*|\tau^*<\theta)$	67.37	13.11	128.17
$E(\tau^*-\theta|\tau^*<\theta)$	82.68	100.93	51.62

4.4 实证研究

中国股票市场在不同周期上存在动量效应和反转效应。同时，高频数据具有许多日度数据不具有的特征（潘莉 等，2011；谭小芬 等，2012；高秋 等，2014）。股票的高频数据在收益率、波动率和流动性上联系得更为紧密，趋势的形成会更加明显，但同时反转也更为迅速。在收益率的统计特征上，研究发现在高频数据下，股票的收益率分布并不稳健，也不会完全服从正态分布，而是具有"尖峰厚尾"的特征。同时，收益率的分布也会因收养频率的不同而发生改变，随着高频数据越来越密集，收益率的峰度和偏度都会有所增加。而股票的高频收益率也具有明显的自相关性，在中国市场上收益率序列可能存在一阶负相关性（金登贵，2005）。通过频谱分析中的小波变换方法来解析高频收益率并发现收益率具有长期记忆性，但长记忆的大小不稳定（侯守国 等，2006）。在收益率的周期性特征上，其自相关性的变化周期正好是一个交易日，在上午开盘和中午开盘的时间，收益率具有正相关性，随着时间的推移，相关性逐渐减弱。而到了收盘前，正相关性又开始逐渐加强（陶利斌 等，2004）。

股票高频数据除了在收益率上存在长记忆性和周期性特征外，波动率也具有比较明显的特征。一般的GARCH模型只适用于低频数据，用来研究高频波动率则会存在较大偏差，并且会损失大量信息。运用这些参数模型也会面临着参数估计复杂、计算困难等问题。对高频下波动率的研究，安德森等（Andersen et al., 2003）和巴恩多夫-尼尔森等（Barndorff-Nielsen et al.,

2001）提出了非参数估计方法，即将交易日内收益率的平方加总得到已实现波动率（Realized Volatility），从而用来表示股票高频波动率，该估计量是无参模型的统计量，并且在表示股市波动率的各种特征上有较好表现。

在波动率的周期性特征上，一个交易日内，波动率往往呈现"U"字型走势，即开盘和收盘期间高频数据的波动率会上升，盘中交易期间波动率会走低（金登贵，2005）。如果考虑到波动率的自适应性和不对称性，则能够发现比较明显的周内效应，在星期二时已实现波动率的均值较大，而星期三到星期五的波动率均值则低于平均水平（陈浪南 等，2013）。

真实的市场交易过程是离散而非连续的，在低频数据下，单位时间的交易较为充分，股票价格序列通常可以视作连续的。但是在高频数据下，单位时间内可能存在交易量较少，市场深度较浅的情况。如果报价订单的价格过高或过低，又或者报价订单的成交量大，就会导致股票价格突变，所以高频数据下股价过程并非完全连续的过程，会存在跳跃的间隔点。对于股票价格的跳跃问题，通常可以利用非参数模型和已实现波动估计量来研究。中国股票市场上，价格跳跃的方差具有周期性的特征，同时也存在波动率聚集的现象。股价的跳跃方向也不完全对称，负向跳跃的平均幅度大于正向跳跃。如果将股价的跳跃行为剥离后，收益率分布便能够接近服从正态分布。

基于上述中国股票市场高频数据的特征，本章选取了上证综指 5 分钟的高频数据进行实证分析，运用式（4.1）对高频股价运动进行建模，以更好地捕捉高频数据下股票趋势的变化特征。

4.4.1 分离跳跃过程

假设在中国股市高频数据下，对数收盘价满足方程：

$$\log P_t = \mu_1 t + (\mu_2 - \mu_1)(t-\theta)^+ + \sigma B_t + \sum_{k=1}^{N_t} J_k \qquad (4.22)$$

那么，股价的对数收益率可以定义为 $r_t = \log\left(\dfrac{P_t}{P_{t-dt}}\right)$。根据高频计量理论，可以假设股票价格的收益率由两部分组成，分别是连续过程的收益率 r_t^c 和跳跃过程

的收益率 r_t^j：

$$r_t = r_t^c + r_t^j \tag{4.23}$$

其中

$$r_t^c = \mu_1 dt + (\mu_2 - \mu_1)(t-\theta)^+ dt + \sigma dB_t \tag{4.24}$$

$$r_t^j = \sum_{k=N_{t-dt}}^{N_t} J_k \tag{4.25}$$

由于收益率中既包含了连续过程也包含了跳跃过程，因此不能直接利用收益率来估计模型参数 μ 和 σ，需要首先将跳跃过程从数据中分离出来，分别利用连续过程的收益率估计参数 μ 和 σ，利用跳跃过程的收益率估计参数 λ 和 η。

现有文献已经发现高频数据的收益率和波动率都存在明显的日内效应（陶利斌 等，2004；金登贵，2005），所以需要考虑到交易时间对股票价格波动的影响。本章将运用曼奇尼（Mancini，2001，2009）提出的阈值方法来分离股票过程中的跳跃变化。阈值法的思路是当股价跳跃时，往往会出现较大的涨跌幅，那么若设定一个合理阈值，当涨跌幅超过阈值时，股价便发生了跳跃。

假设一个交易日 d 内，存在 n 个高频数据，高频数据的间隔时间为 Δ_n，阈值可以定义为 $\alpha_n \sigma_{d,i}$，其中系数 α_n 和当天观测数据的时间间隔 Δ_n 相关，$\sigma_{d,i}$ 表示在交易日 d 内，交易时间 i 处的局部标准差。并且当 $\Delta_n \to 0$ 时，系数 $\alpha_n \to 0$。对于在交易日 d 交易时间 i 的高频收益率 $r_{d,i}$，当 $|r_{t,i}| \leq \alpha_n \sigma_{t,i}$ 时，$r_{d,i}$ 是连续过程下的收益率。相反当 $|r_{d,i}| > \alpha_n \sigma_{d,i}$ 时，$r_{d,i}$ 是跳跃过程的收益率。

但在实证过程中，如果不知道股票价格背后真正满足的数据生成函数，便无法计算出局部标准差，所以李嘉等（Li et al.，2017）提出利用二次幂变差来逼近局部标准差，阈值的近似值可以表示为

$$\alpha \Delta_n^{0.49} \sqrt{\Lambda_i BV_d} \tag{4.26}$$

α 是调整系数，取值范围是 $[3.5, 4.5]$，本章取 $\alpha = 3.5$。Λ_i 表示日内第 i 个交易时点权重，可以通过下式计算出来，

$$\Lambda_i = \frac{|r_{d,i}r_{d,i-1}|}{E(|r_{d,i}r_{d,i-1}|)} = \frac{|r_{d,i}r_{d,i-1}|}{1/D\sum_d |r_{d,i}r_{d,i-1}|} \qquad (4.27)$$

其中，D 表示样本内交易日的天数，BV_d 是二次幂变差，

$$BV_d = \frac{\pi}{2} \frac{n}{n-1} \sum_{i=2}^{n} |r_{d,i}r_{d,i-1}| \qquad (4.28)$$

可以注意到，分离跳跃运动的阈值与交易时点相关，所以能够反映高频数据日内的周期性特征。

运用上述方法，能够将连续过程的收益率和跳跃过程的收益率区分出来。再根据收益率 r_t^c 利用极大似然法估计，得到模型中连续过程的参数 μ 和 σ。将跳跃过程收益率 r_t^j 拟合指数分布，便得到参数 η 的估计值。同时，根据股价跳跃之间的时间间隔，可以估计泊松过程的参数 λ。

4.4.2 样本数据及参数估计

本章的样本数据是上证综指 5 分钟收盘价，样本区间共有四段，分别表示股价趋势的不同变化特征。其中，第一段样本区间是 2015 年 5 月 8 日至 2015 年 6 月 29 日，是 2015 年中国股票市场股灾时期。在这段区间中，上证综指由上涨趋势转变为快速下跌趋势。第二段区间是 2018 年 12 月 3 日至 2019 年 1 月 31 日，上证综指结束了自 2018 年 1 月以来的下跌趋势，开始进入上涨阶段。第二段区间的趋势变化方向正好与第一段区间相反。第三段区间是 2020 年 4 月 1 日至 2020 年 7 月 10 日，在该区间上股票价格始终呈现出上涨趋势，并且上涨速度逐渐加快。第四段区间是 2018 年 2 月 1 日至 2018 年 4 月 27 日，股价在区间内保持趋势下跌。本章的第一段和第二段样本区间是为了检验当股票价格趋势发生改变时，随机无序模型能否及时地识别出来。而第三和第四段样本区间是为了分析当股价的趋势方向没有发生改变时，随机无序模型是否会判断错误。表 4.3 展示了这四段区间 5 分钟收益率的描述性统计，可以发现收益率的平均值均接近于 0，但是标准差显著大于均值，表现出股票价格具有较高波动性的特征。

表 4.3 5 分钟收益率描述性统计

区间	数据量/个	均值/%	标准差/%	最大值/%	最小值/%
2015-05-08—2015-06-29	1728	-0.0001	0.3833	1.9927	-2.9216
2018-12-03—2019-01-31	2016	0.0001	0.1294	1.8631	-1.1793
2020-04-01—2020-07-10	3216	0.0065	0.1288	1.91	-1.3926
2018-02-01—2018-04-27	2640	-0.0045	0.1789	1.1963	-3.0791

本章的实证思路是，首先将这四段样本分别划分成样本内的估计区间和样本外的检验区间两部分，利用估计区间内的数据估计随机无序模型中的参数，计算最优停时边界。然后分析样本外的检验区间，逐点计算每个收盘价对应的 SR 统计量，并与最优停时边界进行比较，如果 SR 统计量正好超过了最优停时边界，则认为收益率分布发生改变，趋势出现反转，否则趋势将延续。

需要注意的是估计区间的股价走势需要有明显的趋势特征，这样才能减少估计的误差，同时估计区间也不能太长，保证检验区间有足够多的数据来验证随机无序模型。所以这四段样本的估计区间分别是：2015 年 5 月 8 日至 2015 年 6 月 2 日、2018 年 12 月 3 日至 2018 年 12 月 21 日、2020 年 4 月 1 日至 2020 年 5 月 25 日和 2018 年 2 月 1 日至 2018 年 3 月 1 日。

在估计区间上计算模型参数，首先需要分离出四段估计区间中的跳跃过程。根据式（4.27），可以得到四段估计区间上交易日内各个时点的二次幂变差权重，反映了收益率在交易日内的波动情况。权重越大，收益率在该时点的波动就越高，跳跃的阈值也随之增大。图 4.5 展示二次幂变差的日内交易时间权重的计算结果。从图中可以发现，四个样本估计区间的交易时点权重都呈现出周期性变化。在开盘时点都较高，说明收益率的波动率较大。随着交易的进行，权重逐渐降低。第一个估计区间在 14:00 到 14:25 之间，权重出现了一个峰值，14:25 到收盘前，权重出现增加的趋势。这说明在第一个估计区间上，收盘前的 1 小时交易较为活跃，股票收益率的波动较大。第二个估计区间整体的波动都较高，并且上午的交易时段（9:30—11:30）的权重平均高于下午交易时段（13:00—15:00）。在 10:45 和 11:15 时，权重出现了局部的峰值。而下午大约在 14:05 和 14:45 左右也出现了权重峰值，但高度也都略低于上午时段的峰值。因此，在第二个估计区间上，上午时段的股价波动更剧烈。第三个估计区间从 11:15 之后，依次在 11:30、13:35、14:10、14:35 左右出现了权重峰值，所以第三个估计区间下午交易时段股价波动更高。第四个估计区间在 11:00 左右出现了较高的权重峰值，除此之外权重大小都较低，这意味着第四个估计区间整体的股价波动较小，仅在 11:00 波动会加剧。

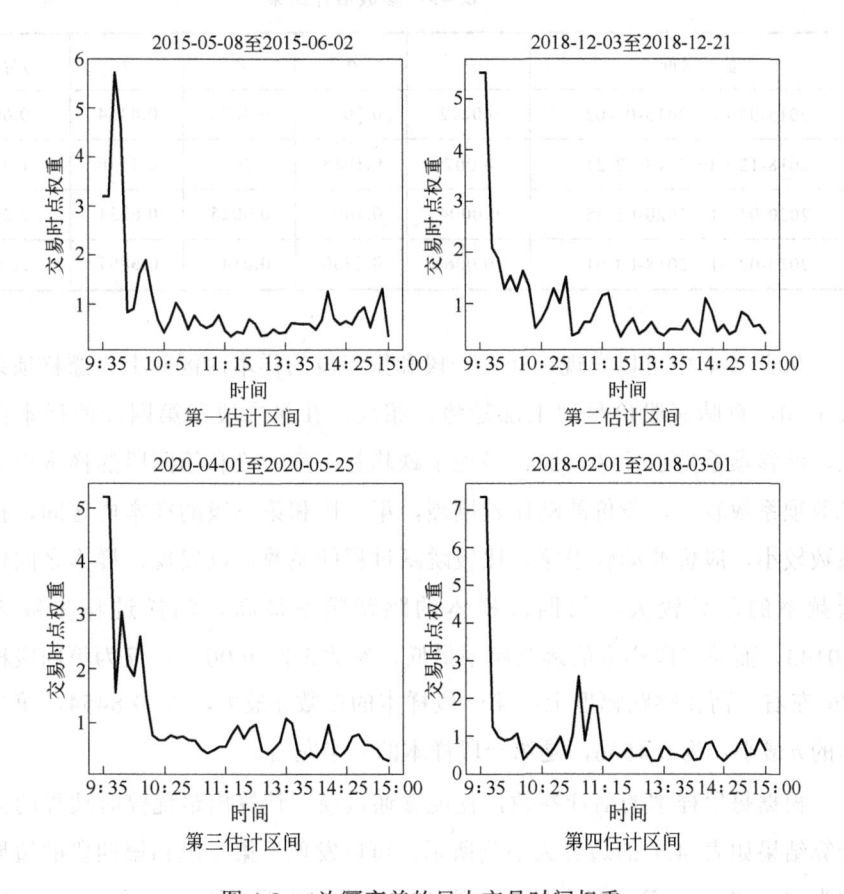

图 4.5 二次幂变差的日内交易时间权重

根据式（4.28），四个估计区间的二次幂变差均值分别为 5.00、0.47、0.41 和 1.43。第一个估计区间的二次幂变差均值最大，而第三个估计区间的最小。这主要是因为第一个区间股票正处于快速上涨的阶段，股价的波动程度较大，并且方向较为一致，所以二次幂变差较大。这也使得在第一个估计区间，只有股价跳跃幅度足够大，才能被阈值分离出来。相反，第三个估计区间股票价格呈现缓慢上涨的趋势，所以波动幅度小。第三个估计区间的阈值较低，幅度较小的跳跃都能够被分离出来。

利用二次幂变差的近似阈值，将股票高频收益率数据中的连续过程收益率和跳跃过程收益率分离开，分别估计其模型参数，表4.4是参数估计的结果。

表 4.4 参数估计结果

估计区间	μ_1	σ	λ	η	边界大小
2015-05-08—2015-06-02	0.0222	0.3036	0.0036	0.8454	0.6992
2018-12-03—2018-12-21	−0.0073	0.1058	0.0091	0.4546	1.0182
2020-04-01—2020-05-25	0.0004	0.1009	0.0025	0.6331	2.2415
2018-02-01—2018-03-01	−0.0064	0.2280	0.0143	0.6897	2.1696

从表 4.4 中可以发现，在第一段和第三段的样本内区间上，漂移项系数均大于 0，意味着股价呈现上涨趋势。相反，在第二段和第四段的样本内区间上，漂移项系数小于 0，股价呈现下跌趋势。第一段和第四段的样本内区间，扩散项系数较大，股价波动比较剧烈，第二段和第三段的样本内区间，扩散项系数较小，股价波动较平缓。比较跳跃过程的系数可以发现，样本之间价格跳跃频率的差异较大，第四段样本的跳跃频率最高，泊松过程参数 λ 达到 0.0143，而第三段样本的跳跃频率最低，参数 λ 为 0.0025，仅为第四段样本的 1/6 左右。而在跳跃幅度上，第一段样本的参数 η 最大，为 0.8454，第二段样本的 η 最小，为 0.4546，是第一段样本的一半左右。

根据每段样本的估计参数，便能够通过模型计算出最优停时边界的大小，计算结果如表 4.4 的边界大小列所示。可以发现，第三段和第四段的边界大小均为 2 左右，而第一段和第二段样本的边界大小明显更小，分别是 0.6992 和 1.0182。这是因为过程的扩散项与漂移项差距过大。可以发现，第一段和第二段样本的扩散项系数仅是漂移项系数的 13.69 倍和 14.50 倍。而第三段样本的扩散项系数就达到了漂移项系数的 250.74 倍，第四段样本的扩散项系数也较大，是漂移项系数的 35.40 倍。根据前文的敏感性分析可知，当过程的扩散项系数较大时，股价的趋势特征并不明显，相反会有较大的扰动，因此为了降低判断错误的概率，边界值往往会更大。同时，跳跃过程较频繁也会使得边界升高。所以，第三段和第四段样本的边界值会显著高于第一段和第二段。

4.4.3 样本外趋势变点检测

在得到了样本内估计出的模型参数后，便可根据样本外的股价变化计算每个时刻的 SR 统计量，并与最优停时边界进行比较，观察 SR 统计量是否超过了边界值进入到最优停止区域。如果 SR 统计量首次超过了边界值，那么根据随机无序模型，便能够推断过程的漂移项已经发生改变，趋势的方向已经发生变化。

图 4.6 和图 4.7 展示了第一段样本区间上证综指、SR 统计量和最优停止时间。图中垂直虚线左侧是样本内数据，右侧是样本外数据。正如前文所述，上证综指在样本内具有比较明显的上涨趋势。而在样本外，上证综指保持着上涨趋势直到 2015 年 6 月 15 日，达到最大值后开始下跌，下跌趋势一直持续到样本结束。从事后的全局角度看，上证综指趋势发生改变的时间点在 2015 年 6 月 15 日左右。但投资者在当时并不能掌握这些全局信息，只能依靠股价的历史数据来做出推测。那么回到 SR 统计量的变化上，从图 4.7 中可以发现，上证综指在 2015 年 6 月 4 日有一个急速的下跌和反弹，股价走势呈现出"V"形特征。对应到 SR 统计量上，在上证综指快速下跌时，统计量也有明显的增幅，而在反弹期间，统计量也随之下降。在此之后，上证综指继续稳步上涨，而 SR 统计量也没有明显变化，没有进入最优停止区域。直到 2015 年 6 月 15 日到 2015 年 6 月 16 日，上证综指再次出现明显跌幅，SR 统计量也随之增加。在 2015 年 6 月 16 日的 10 点 10 分，SR 统计量超过了最优停止区域的边界。因此投资者才能够推断上证综指的上升趋势在此时已经结束，将改变为下跌趋势。随之而来的股价大幅下跌也映证了这一结果。为了进一步检验随机无序模型对价格趋势变换的判断效果，本章将随机无序模型与技术分析中的移动平均线指标进行比较。移动平均线指标是技术分析中十分常用的指标，虽然计算方式简单，但在大量的实践和研究中被证明能够为投资者带来收益。移动平均线指标通过股票价格长短周期的移动平均值来判断价格趋势的变化。短周期的移

动平均线从下往上穿过长周期移动平均线，就表明股票价格开始进入了上涨趋势。相反，短周期移动平均线从上向下穿过长周期移动平均线，就意味着股价进入下跌趋势。根据费菲尔德等（Fifield et al., 2008）均线策略的设置，本章选择（1,50），（1,150），（1,200），（5,150）和（5,200）这五组移动平均线指标，其中括号内的第一个数表示短周期，若是 1，表示就是股价本身；括号内的第二个数表示长周期。从图 4.6 中可以发现，移动平均线指标也都在 2015 年 6 月 16 日附近出现了短周期平均线从上往下穿过长周期平均线的情况，说明随机无序模型所得到的股票价格趋势发生改变的时间点与移动平均线指标是一致的，从侧面也证明了随机无序模型的正确性。但是，在 2015 年 6 月 2 日至 2015 年 6 月 16 日这段时间，移动平均线指标也多次出现了短周期均线下穿长周期均线的情况，远早于股价趋势发生改变的真实时间，错误地认为趋势发生改变。其中（1,50）的均线组合共出现了 24 次判断错误，（1,150）为 10 次，（1,200）为 7 次，（5,150）为 8 次，（5,200）为 3 次。这意味着移动平均线指标虽然能够识别出趋势发生变化的时间点，但同时其犯错的概率也较高，容易受到股价波动的干扰。在趋势真正发生改变之前，发出较多错误的信号，导致投资者错过后续股价上涨所带来的收益。相较而言，本章的随机无序模型既能够及时判断出趋势发生改变的时刻，也能够有效控制犯错的概率。

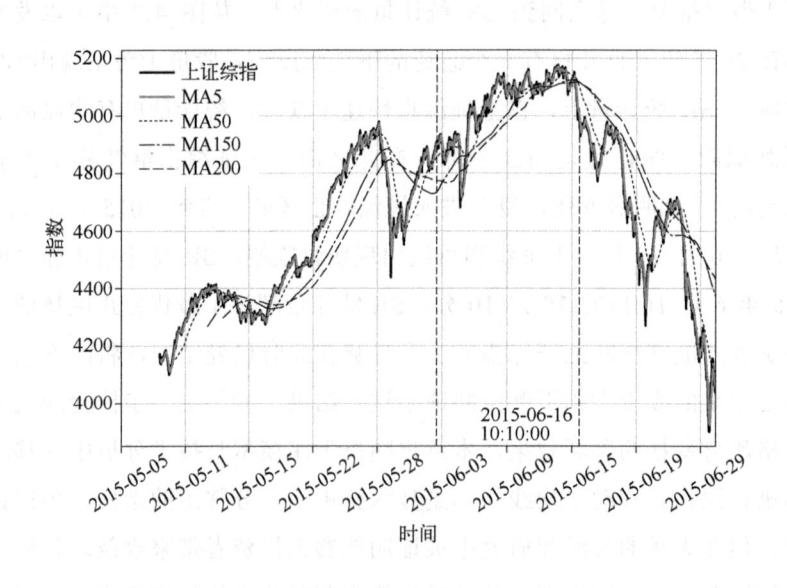

图 4.6　5 分钟收盘价：2015 年 5 月—2015 年 6 月

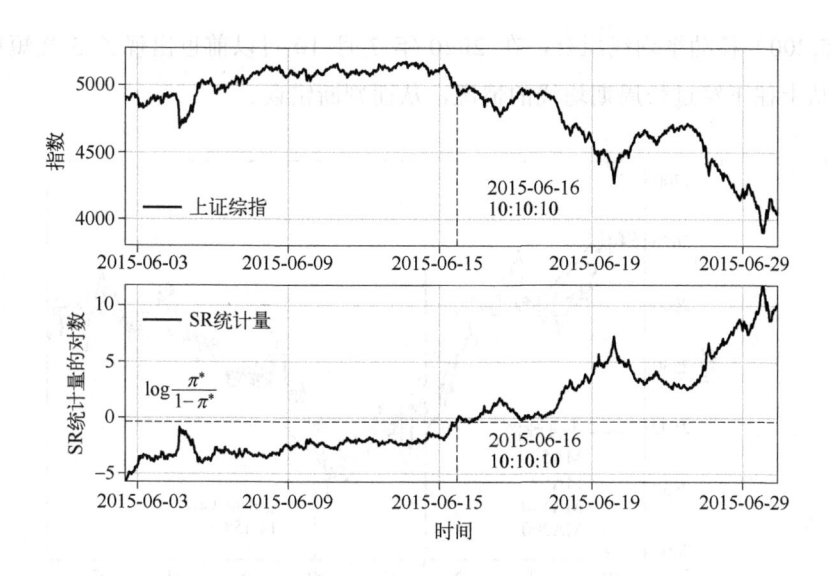

图 4.7 SR 统计量：2015 年 5 月—2015 年 6 月

第二段样本区间是 2018 年 12 月 3 日至 2019 年 1 月 31 日，结果如图 4.8 和图 4.9。这段样本是上证综指结束了自 2018 年 1 月以来的下跌，开始进入上涨阶段，趋势变化与第一段样本区间正好相反。运用同样的方法，得到了趋势发生改变的时间在 2019 年 1 月 4 日的 14 点 45 分的结论。与移动平均线指标进行比较，可以发现，移动平均线指标判断的时间在 2019 年 1 月 4 日的 11 时附近，比随机无序模型判断的时间略早一些。但是，移动平均线指标依然有和第一段样本同样的问题。在 2019 年 1 月 4 日之前，移动平均线指标也出现了多次判断错误，最多的如（1,50）发生了 15 次错误的信号，最少的如（5,200）也出现了 1 次错误信号。

第三段样本区间是 2020 年 4 月 1 日至 2020 年 7 月 10 日，如图 4.10 和图 4.11 所示。在这段样本区间中，上证综指始终保持着明显的上涨趋势，并且自 2020 年 6 月 18 日后，上证综指的上涨速度加快。在 2020 年 6 月 18 日以前，因上证综指没有明显上涨，所以 SR 统计量有所增加，但是随着上证综指的快速上涨，SR 统计量则有明显下降，到 2020 年 7 月 10 日样本终点，SR 统计量始终没有进入到最优停止区域，这也就意味着在这段区间股票价格的趋势方向没有发生改变。分析移动平均线指标可以发现，即使不易受到波动干扰的

（5,200）移动平均线组合，在 2020 年 7 月 10 日以前也出现了 5 次短周期均线从上往下穿过长周期均线的情况，从而判断错误。

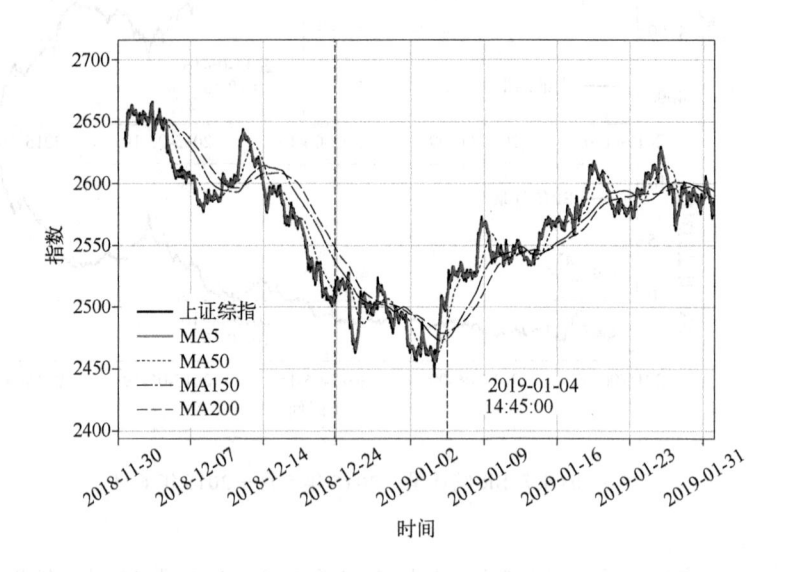

图 4.8 5 分钟收盘价：2018 年 12 月—2019 年 1 月

图 4.9 SR 统计量：2018 年 12 月—2019 年 1 月

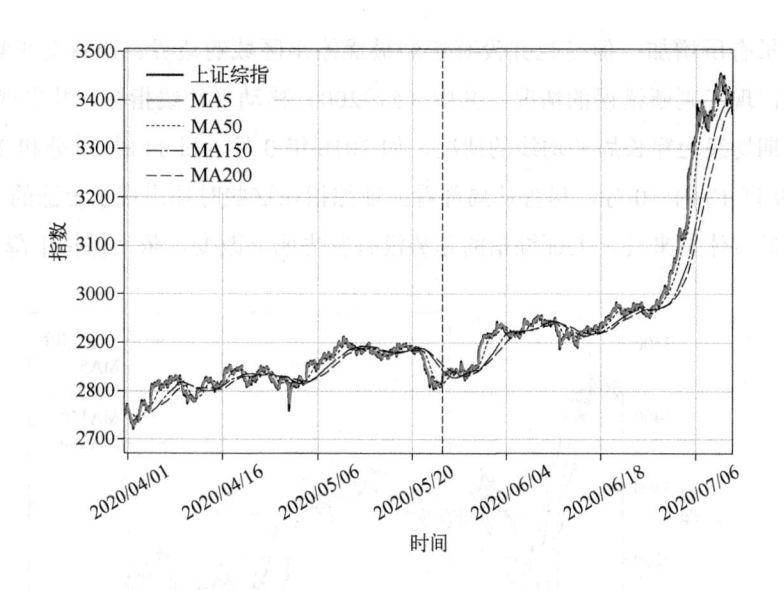

图 4.10 5 分钟收盘价：2020 年 4 月—2020 年 7 月

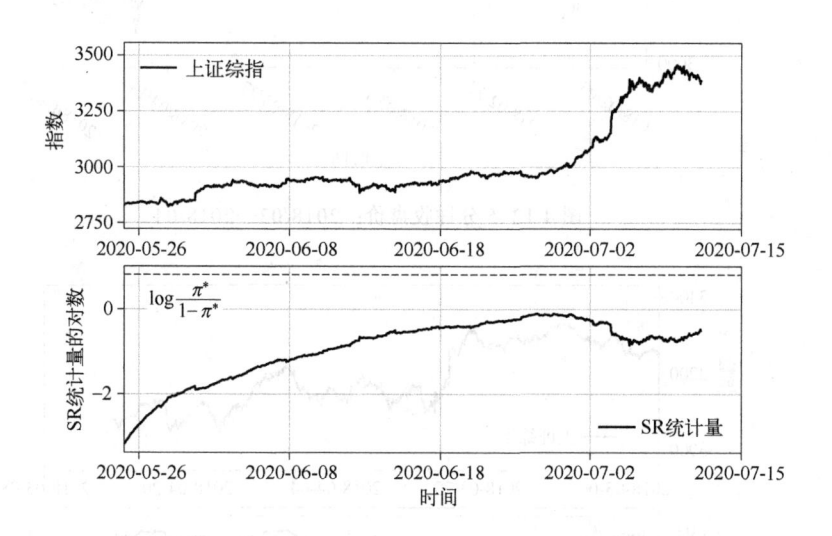

图 4.11 SR 统计量：2020 年 4 月—2020 年 7 月

第四段样本为 2018 年 2 月 1 日至 2018 年 4 月 27 日，图 4.12 和图 4.13 给出了计算结果。上证综指保持着下跌的趋势。运用同样的方法，计算出来的 SR 统计量没有进入到最优停止区域，意味着这段时间内上证综指的趋势没有改变。尽管上证综指在 2018 年 3 月 13 日和 2018 年 4 月 13 日附近有所上涨，SR

统计量有所增加，但是也并没有达到最优停止区域的边界。而移动平均线指标依然出现了判断错误的情况，其中（5，200）移动平均线指标一共出现了 9 次短周期均线上穿长周期均线的情况，如 2018 年 3 月 6 日 11 时 30 分和 2018 年 3 月 29 日 13 时 30 分，尽管从局部看上证综指在这些时期出现了上涨的走势，但从事后整体上来看，上证综指的趋势没有发生明显改变，依然保持下降。

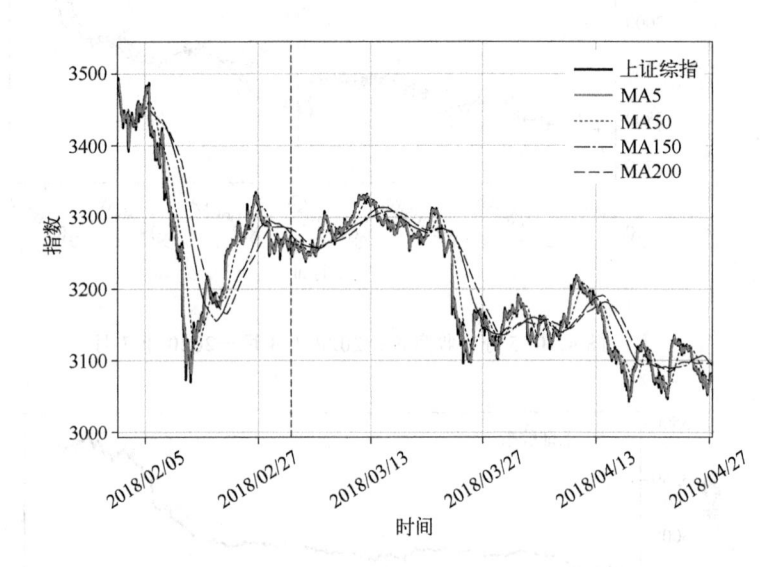

图 4.12 5 分钟收盘价：2018/02—2018/04

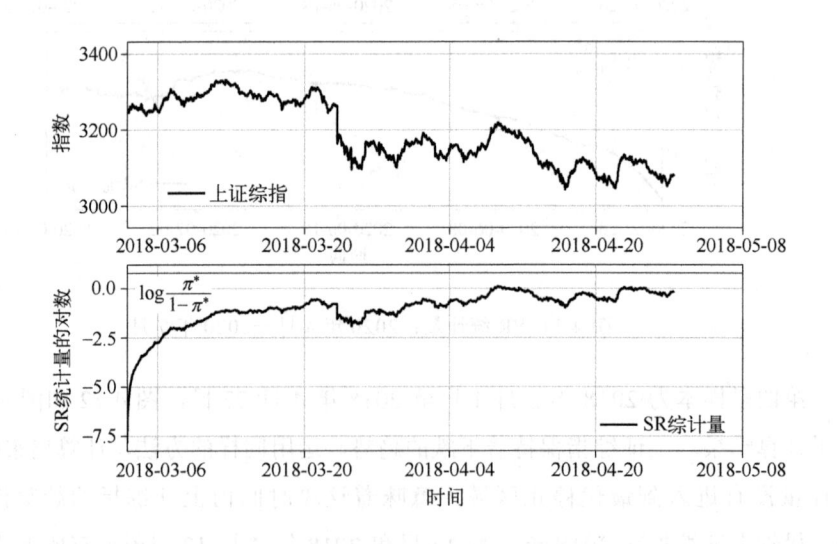

图 4.13 SR 统计量：2018/02—2018/04

实证分析的结果表明，随机无序模型在真实的市场环境中依然有效，能够识别出价格趋势发生改变的时间点，同时与传统的技术分析指标相比，随机无序模型能够更好地过滤掉价格波动的噪声，降低判断错误的概率。

4.5 基于随机无序模型的趋势跟踪策略

基于随机无序模型识别价格趋势的变化，可以构造高频数据下的趋势跟踪策略，来检验随机无序模型的有效性。本章以沪深300指数、中证500指数和上证50指数作为投资资产，2013年1月1日至2013年12月31日为参数估计区间，2014年1月1日至2021年3月31日的5分钟数据作为样本外的策略检验区间。首先需要根据参数估计区间的数据计算模型参数，作为初始值，之后会在策略检验区间进行滚动窗口估计参数。但需要注意的是，参数估计区间可能存在多次趋势发生改变的情况，因此如果直接利用漂移项的估计值并不准确，数值往往偏小，且接近于0。拜拉姆等（Bayram et al., 2018）发现，股价过程的参数σ往往是参数μ的10倍左右，因此不妨只估计参数σ的大小，参数$|\mu_1| = \sigma/10$，以降低参数估计的难度。同时，考虑到在中国股票市场卖空的交易成本较大，因此本章的趋势跟踪策略只考虑持有多仓的情况，所以令$\mu_1 < 0$，那么在策略检验区间上，就能通过判断股价漂移项系数是否由负转正，来决定是否建立多仓。表4.5给出了初始参数的估计值。比较三个指数的参数估计值，可以发现上证50指数的波动率较高，并且价格跳跃的幅度和频率也更大，其次是中证500指数。但是在价格跳跃上，沪深300指数的跳跃幅度和频率比中证500指数略高。将估计的参数带入到随机无序模型，可以计算出来沪深300指数、中证500指数和上证50指数的最优停止边界分别为2.4、2.51和2.63。同时，均假设SR统计量的初始值等于0.001。

表 4.5 2013/01/01—2013/12/31 的参数估计结果

指数	μ_1	σ	λ	η	边界大小
沪深 300	-0.016	0.16	0.0063	0.77	2.4
中证 500	-0.017	0.17	0.0038	0.74	2.51
上证 50	-0.019	0.19	0.0066	0.82	2.63

在样本外的策略检验区间上，首先根据观察到的收盘价数据逐点计算 SR 统计量，并与最优停止边界比较，直到首次超过边界后，根据趋势变化的方向决定持多仓还是空仓。然后重新估计模型参数，计算新的最优停止边界，并将 SR 统计量重新设置为 0.001。趋势跟踪的具体策略为：

（1）空仓时的交易策略。

① 从样本外区间起点或者卖出资产的时刻起，利用样本内估计的参数和 5 分钟收益率数据，逐点计算 SR 统计量序列，并与边界比较。

② 由于漂移项系数的原假设小于零，那么当 SR 没有超过边界时，则空仓继续观察股票价格走势，直到 SR 超过边界值为止。

③ 当 SR 统计量首次超过最优停时边界后，以此时 5 分钟收盘价建多仓。

④ 利用空仓期间股票对数收益率数据，重新计算波动率，并除以 10 得到漂移项系数大小。如果数据量少于 240 个，则取买入资产时前 240 个数据进行计算。由于开多仓，所以之后需要考虑由上涨趋势变为下跌趋势，所以漂移项系数的原假设为正数，重新计算相应的最优停时边界大小，并将 SR 统计量重新赋值为 0.001。

（2）多仓时的交易策略。

① 从样本外区间起点或者买入资产的时刻起，利用样本内估计的参数和 5 分钟收益率数据，逐点计算 SR 统计量序列，并与边界比较。

② 由于漂移项系数的原假设大于零，那么当 SR 没有超过边界时，则持有多仓继续观察股票价格走势，直到 SR 超过边界值为止。

③ 当 SR 统计量首次超过最优停时边界后，以此时 5 分钟收盘价卖出资产平仓。

④ 利用多仓期间股票对数收益率数据，重新计算波动率，并除以 10 得到

漂移项系数大小。如果数据量少于 240 个，则取卖出资产时前 240 个数据来进行计算。由于开多仓，所以之后需要考虑由上涨趋势变为下跌趋势，所以漂移项系数的原假设为正数，重新计算相应的最优停时边界大小，并将 SR 统计量重新赋值为 0.001。

  2014 年 1 月 1 日至 2021 年 3 月 31 日的检验区间上，利用上述交易策略，进行趋势跟踪交易。将沪深 300 指数除以 2019 年 1 月 2 日 9 点 35 分收盘价得到沪深 300 指数的净值曲线作为基准。同时，为了与其他策略相比较，本章利用周期为 5 和 10 的移动平均线，构造了均线策略。当周期等于 5 的移动平均平均线从下往上穿过周期为 10 的移动平均线时，则开多仓，反之当下穿周期为 10 的移动平均线时清仓。

  图 4.14 分别展示了随机无序模型在沪深 300、中证 500 和上证 50 指数上的净值曲线。综合比较而言，随机无序模型在中证 500 指数上表现最好，上证 50 指数居中，沪深 300 指数相对较差。但是与均线策略相比，在中证 500 指数上，2018 年以前均线策略的收益和随机无序模型的收益十分接近，在此之后，随机无序模型的表现优于均线策略。而在沪深 300 指数和上证 50 指数上，随机无序模型的表现均强于均线策略。但是值得注意的是，在 2015 年 6 月以前，随机无序模型、均线策略的收益几乎与指数基准一样或比指数基准更低，特别是沪深 300 指数，随机无序模型的表现要明显差于指数基准。但是将策略的回测时间拉长来看，随机无序模型均能给投资者带来显著的超额收益，并且在基准指数下跌时，能够更好地识别出趋势的转变，从而减少损失。

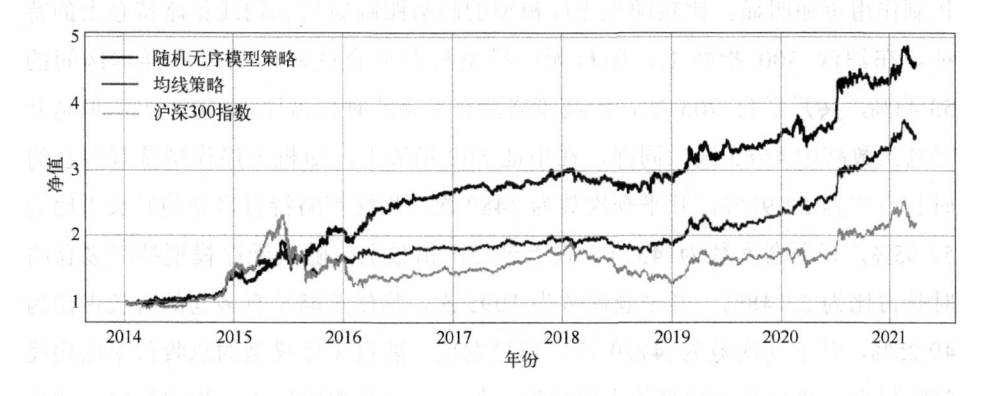

图 4.14 回测表现

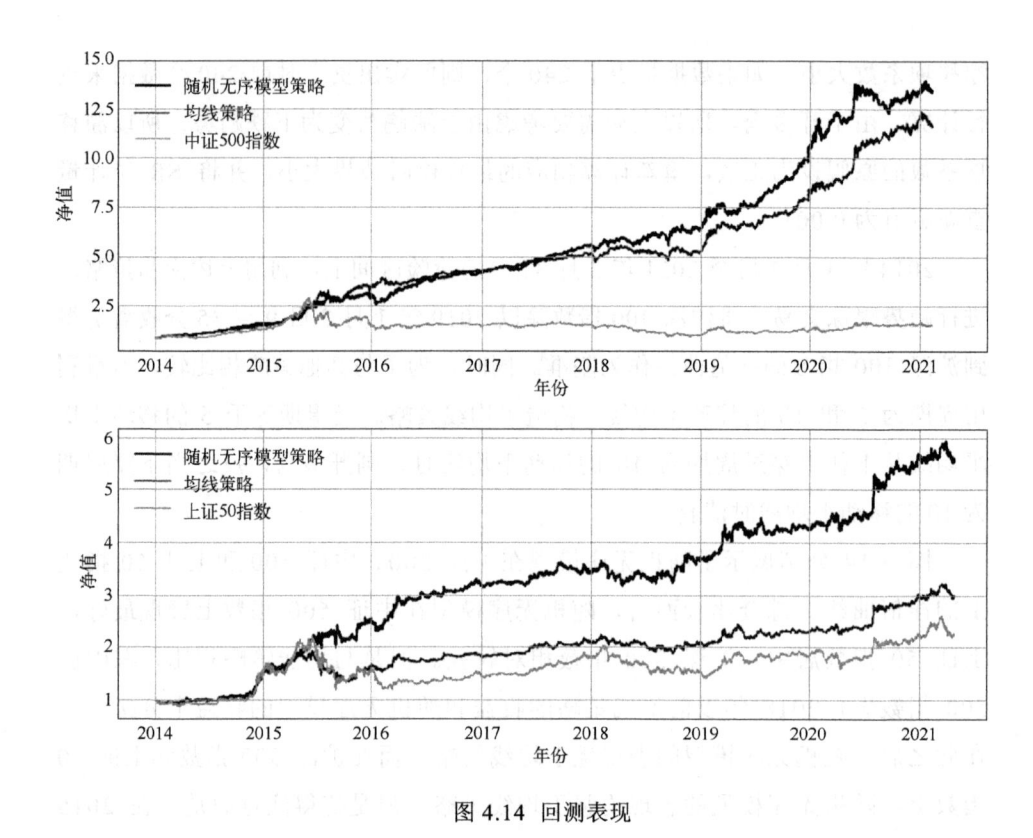

表 4.6 展示了三个指数样本外区间的总收益率、夏普比率和最大回撤。其中中证 500 指数的夏普比率最高，上证 50 指数居中，沪深 300 指数最低。

在风险控制上，随机无序模型的最大回撤均是最小的，并且显著低于指数基准。与均线策略相比，中证 500 指数和上证 50 指数的随机无序模型的风险控制作用更加明显。比较随机无序模型的趋势跟踪策略和均线策略持仓上的特征，在沪深 300 指数上，随机无序模型持有多仓的时间长度占样本区间的 53.43%，共开平仓 705 次，均线策略持有多仓的时长占比为 50.84%，但是开平仓次数高达 4585 次。同样，在中证 500 指数上，随机无序模型持有多仓的时长占比为 52.98%，开平仓次数为 1489 次，均线策略持有多仓的时长占比为 52.65%，开平仓次数为 4371。在上证 50 指数上，随机无序模型持有多仓的时长占比为 53.48%，开平仓次数为 1095 次，均线策略持有多仓的时长占比为 49.25%，开平仓次数为 4729 次。可以发现，随机无序模型的总收益率比均线策略更高，并且多仓的时长占比接近，但是开平仓次数远小于均线策略。这说明随机无序模型识别趋势变化的准确率要远高于均线策略,能够有效过滤掉股价的正常波动,发现趋势的真正变点。

表 4.6 策略表现

沪深 300			
	随机无序模型策略	均线策略	买入并持有
总收益率/%	360.27	248.06	117.38
夏普比率	0.78	0.73	0.81
最大回撤/%	−21.32	−22.77	−47.50
中证 500			
	随即无序模型策略	均线策略	买入并持有
总收益率/%	1279.41	1097.27	63.83
夏普比率	0.92	0.86	0.36
最大回撤/%	−14.87	−18.03	−65.74
上证 50			
	随即无序模型策略	均线策略	买入并持有
总收益率/%	454.79	195.16	125.57
夏普比率	0.82	0.59	0.48
最大回撤/%	−21.17	−30.30	−45.75

4.6 小结

本章利用随机无序模型和最优停时研究了中国股票市场的动量效应和趋势跟踪策略。由于大量实证研究发现动量效应存在周期性,反转效应和动量效应在不同时间跨度上交替出现,因此对于投资者而言,识别出趋势的变化就格外重要。本章用随机过程中漂移项的正负来对股价趋势方向建模。假设在某一随机时刻漂移项的符号发生改变,来表征股价趋势的变化,而这时刻对于投资者而言完全未知。因此,投资者将观察股价数据来作出推断。本章通过求解随机无序模型,得到了判断趋势变化所对应的统计量和最优停时边界。当统计量首次穿过最优停时边界时,便能推断股价趋势发生了改变。本章的方法能够尽可能地减少犯错的概率和滞后时长。

最优停时边界的高低取决于随机过程的各个参数以及原假设和备择假设间的差异。当漂移项越大，原假设与备择假设间的差异越大时，最优停时边界越小。相反，股价的波动率越大，最优停时边界则表现出先升后减的特征。

在模型的数值模拟分析中，如果趋势变化的位置在样本中间，那么随机无序模型的表现较好，如果发生在样本的起点或终点附近，则模型的结果与真实值存在一定差异。

本章利用金融高频数据对随机无序模型进行了实证分析。由于高频数据中存在跳跃，并且收益率和波动率存在周期性和日内特征，所以本章运用高频计量中的二次变幂差将跳跃过程分离出来，分别估计连续过程和跳跃过程的参数。在四段具有不同趋势特征的样本中，本章的随机无序模型都能够较快地识别出趋势发生改变的情况。并且，若样本的趋势方向没有发生变化，随机无序模型也没有发出错误的信号。

本章最后基于随机无序模型构建了趋势跟踪策略，以沪深 300 指数、中证 500 指数和上证 50 指数作为交易资产，其总收益、夏普比率和最大回撤的表现均优于传统的均线策略和买入并持有策略。进一步验证了随机无序模型的有效性。

4.7 附录

4.7.1 定理 4.2.1 证明

考虑股价过程所满足的随机微分方程

$$dX_t = \mu_1 dt + (\mu_2 - \mu_1)I(t > \theta)dt + \sigma dB_t + \Delta X_t \quad (4.29)$$

其中 $\Delta X_t = X_t - X_{t^-}$ 表示跳跃大小。由于拉东-尼柯迪姆导数 $R_t = \dfrac{dP_0^x}{dP_t^x}$，运用伊藤引理（Ito's lemma）可以得到

$$\begin{aligned}
\mathrm{d}R_t &= \left[\gamma_0\mu_1 + \gamma_0(\mu_2-\mu_1)I(t>\theta) - \psi_\infty(\gamma_0) + \frac{1}{2}\sigma^2\gamma_0^2\right]R_t\mathrm{d}t + \\
&\quad \gamma_0\sigma R_t\mathrm{d}B_t + \Delta R_t \\
&= \left[\gamma_0\mu_1 + \gamma_0(\mu_2-\mu_1)I(t>\theta) - \psi_\infty(\gamma_0) + \frac{1}{2}\sigma^2\gamma_0^2\right]R_t\mathrm{d}t + \\
&\quad \gamma_0\sigma R_t\mathrm{d}B_t + R_{t^-}\left(\frac{R_t}{R_{t^-}}-1\right) \\
&= \left(\sigma^2\gamma_0^2 I(t>\theta)\right)R_t\mathrm{d}t + \gamma_0\sigma R_t\mathrm{d}B_t + \left(\mathrm{e}^{\gamma_0\Delta X_t}-1\right)R_{t^-}
\end{aligned} \quad (4.30)$$

同时可以注意到，过程 π_t 的表达式为

$$\pi_t = p\frac{\mathrm{d}P_0^x}{\mathrm{d}P^x} + (1-p)\int_0^t \frac{\mathrm{d}P_s^x}{\mathrm{d}P^x} r\mathrm{e}^{-rs}\mathrm{d}s \quad (4.31)$$

那么 π_t 所满足的随机微分方程便能表示成

$$\begin{aligned}
\mathrm{d}\pi_t &= r(1-\pi_t)\mathrm{d}t + \gamma_0\sigma\pi_t(1-\pi_t)\mathrm{d}B_t + \\
&\quad \pi_t(1-\pi_t)(\sigma^2\gamma_0^2 I(t>\theta))\mathrm{d}t - \pi_t^2(1-\pi_t)\sigma^2\gamma_0^2\mathrm{d}t + \Delta\pi_t \\
&= r(1-\pi_t)\mathrm{d}t + \gamma_0\sigma\pi_t(1-\pi_t)\mathrm{d}\widetilde{B}_t + \Delta\pi_t
\end{aligned} \quad (4.32)$$

其中 $\mathrm{d}\widetilde{B}_t = \sigma\gamma_0 I(t>\theta)\mathrm{d}t - \sigma\gamma_0\pi_t\mathrm{d}t + \mathrm{d}B_t$，并且跳跃项 $\Delta\pi_t$ 满足下式

$$E^x\left[\Delta\pi_t \mid \mathcal{F}_t\right] = \pi_{t^-}\left(1-\pi_{t^-}\right)\int\left(\mathrm{e}^{\gamma_0 x}-1\right)\underline{m}(x)\mathrm{d}x \quad (4.33)$$

因此，过程 π_t 的无穷小生成元便是

$$\begin{aligned}
\mathcal{A}f(x) &= rf'(x)(1-x) + \frac{1}{2}f''(x)\sigma^2\gamma_0^2 x^2(1-x)^2 + \\
&\quad \lambda\int\left[f\left(\frac{x\mathrm{e}^{\gamma_0 y}}{1+x(\mathrm{e}^{\gamma_0 y}-1)}\right) - f(x)\right]m(y)\mathrm{d}y
\end{aligned} \quad (4.34)$$

4.7.2 定理 4.2.2 证明

将过程 π_t 的最小生成元带入到自由边界微分方程中可以得到

$$\begin{aligned}
&rf'(x)(1-x) + \frac{1}{2}f''(x)\sigma^2\gamma_0^2 x^2(1-x)^2 + \\
&\lambda\int\left[f\left(\frac{x\mathrm{e}^{\gamma_0 y}}{1+x(\mathrm{e}^{\gamma_0 y}-1)}\right) - f(x)\right]\cdot\frac{1}{2\eta}\mathrm{e}^{-|y|/\eta}\mathrm{d}y = -cx
\end{aligned} \quad (4.35)$$

不妨将上式的积分项拆分成两段积分之和

$$\lambda \int_0^{+\infty} \left[f\left(\frac{xe^{\gamma_0 y}}{1+x(e^{\gamma_0 y}-1)} \right) - f(x) \right] \cdot \frac{1}{2\eta} e^{-y/\eta} dy +$$
$$\lambda \int_{-\infty}^0 \left[f\left(\frac{xe^{\gamma_0 y}}{1+x(e^{\gamma_0 y}-1)} \right) - f(x) \right] \cdot \frac{1}{2\eta} e^{y/\eta} dy \quad (4.36)$$

为了简化符号表达，令

$$z = \frac{e^{y\gamma_0} x}{1+(-1+e^{y\gamma_0})x}$$
$$e^{y\gamma_0} = \frac{z(1-x)}{x(1-z)} \quad (4.37)$$

那么可以观察到，z 的极限性质有 $\lim_{y\to 0} z = x$，$\lim_{y\to +\infty} z = 1$，$\lim_{y\to -\infty} z = 0$。因此可以得到 z 对 y 的微分

$$\frac{dz}{dy} = -\frac{e^{y\gamma_0}(-1+x)x\gamma_0}{[1+(-1+e^{y\gamma_0})x]^2} \quad (4.38)$$

那么积分的形式，就可以改写成

$$\int_0^{+\infty} -f'(z) e^{-y/\eta} \frac{e^{y\gamma_0}(-1+x)x\gamma_0}{1+(-1+e^{y\gamma_0})x^2} dy = \int_x^1 f'(z) \left[\frac{z(1-x)}{x(1-z)} \right]^{-\frac{1}{\gamma_0 \eta}} dz \quad (4.39)$$

因此可以得到

$$\int_{-\infty}^0 \left[f\left(\frac{xe^{\gamma_0 y}}{1+x(e^{\gamma_0 y}-1)} \right) - f(x) \right] \cdot \frac{1}{2\eta} e^{y/\eta} dy$$
$$= 1/2 f(x) - 1/2 \int_0^x f'(z) \left(\frac{z(1-x)}{x(1-z)} \right)^{\frac{1}{\gamma_0 \eta}} dz \quad (4.40)$$

$$\int_0^{\infty} \left[f\left(\frac{xe^{\gamma_0 y}}{1+x(e^{\gamma_0 y}-1)} \right) - f(x) \right] \cdot \frac{1}{2\eta} e^{-y/\eta} dy$$
$$= -1/2 f(x) + 1/2 \int_x^1 f'(z) \left(\frac{z(1-x)}{x(1-z)} \right)^{-\frac{1}{\gamma_0 \eta}} dz \quad (4.41)$$

将上述积分带回原微分方程有

$$\lambda/2\int_x^1 f'(z)\left(\frac{z(1-x)}{x(1-z)}\right)^{\frac{1}{\gamma_0\eta}}\mathrm{d}z - \lambda/2\int_0^x f'(z)\left(\frac{z(1-x)}{x(1-z)}\right)^{\frac{1}{\gamma_0\eta}}\mathrm{d}z \quad (4.42)$$
$$+rf'(x)(1-x)+\frac{1}{2}f''(x)\sigma^2\gamma_0^2 x^2(1-x)^2+cx=0$$

将上式两边同时乘以 $\left(\frac{1-x}{x}\right)^{\frac{1}{\gamma_0\eta}}$，并对 x 求导得到如下等式

$$\begin{aligned}
&f'(x)[2(1-x)(r+x\eta\gamma_0(r+\lambda))]+\\
&f''(x)[x\gamma_0(-1+x)^2(-2r\eta+x\sigma^2\gamma_0+2x\eta\sigma^2\gamma_0^2(-1+2x))]+\\
&f'''(x)[(-1+x)^3\eta\sigma^2\gamma_0^3]-2\left(-1+\frac{1}{x}\right)^{\frac{1}{\eta\gamma_0}}\lambda\int_0^x\left(\frac{z}{1-z}\right)^{\frac{1}{\eta\gamma_0}}f'(z)\mathrm{d}z+\\
&2cx(1+(-1+x)\eta\gamma_0)=0
\end{aligned} \quad (4.43)$$

为了进一步将积分项去掉，在上式的两边除以积分项的系数，并再对 x 求导便可得到

$$Af'+Bf''+Cf'''(x)+Df^{(4)}+2cx(-1+\eta^2\gamma_0^2(2x-1)(x-1))=0 \quad (4.44)$$

其中

$$\begin{aligned}
A &= (x-1)(2r-2x\gamma_0^2\eta^2(-1+2x)(r+\lambda))\\
B &= x\gamma_0^2(x-1)^2(-2r\eta^2(-1+4x)-x(2\eta^2\lambda+\sigma^2)+4\eta^2\sigma^2\gamma_0^2 x(1-5x+5x^2))\\
C &= x^2\eta^2\gamma_0^2(x-1)^3(-2r+5\sigma^2\gamma_0^2 x(-1+2x))\\
D &= \eta^2\sigma^2\gamma_0^4 x^4(-1+x)^4
\end{aligned} \quad (4.45)$$

注意到上式就转化为了常微分方程。因此，假设函数 $f'(x)$ 有多项式的形式

$$f'(x)=\sum_{n=1}^\infty a_n x^n \quad (4.46)$$

将 $f'(x)$ 带回到常微分方程中，并按 x 幂次项整理，每项系数应等于 0，那么 $f'(x)$ 的多项式系数便能得到，满足下列表达式

$$\begin{aligned}
a_1 &= -\frac{c}{r},\\
a_2 &= -\frac{c(-2r+8r\eta^2\gamma_0^2+4\eta^2\lambda\gamma_0^2+\sigma^2\gamma_0^2-4\eta^2\sigma^2\gamma_0^4)}{2r^2(-1+4\eta^2\gamma_0^2)},\\
a_3 &= -\frac{c}{2r^3(1-13\eta^2\gamma_0^2+36\eta^4\gamma_0^4)}[2r^2-r(26r\eta^2+\sigma^2)\gamma_0^2+\\
&\quad (72r^2\eta^4+60r\eta^4\lambda+12\eta^4\lambda^2+13r\eta^2\sigma^2+7\eta^2\lambda\sigma^2+\sigma^4)\gamma_0^4-\\
&\quad \eta^2\sigma^2(36r\eta^2+48\eta^2\lambda+13\sigma^2)\gamma_0^6+36\eta^4\sigma^4\gamma_0^8]
\end{aligned} \quad (4.47)$$

根据最优停时的 smooth-fit 条件 $f'(\pi^*)=-1$，最优停时边界 π^* 是该方程的解。

第 5 章 股票市场极端风险管理研究

5.1 引言

随着金融市场的发展，资产规模不断增大，金融市场在经济社会活动的各个方面都有着举足轻重的地位。但随着金融产品不断推陈出新，市场交易越来越活跃，金融市场的极端风险在逐渐加大。同时，不论是在国与国之间，还是在不同的金融产品之间，市场的联系越来越紧密，这就导致极端风险更容易外溢，影响整个金融体系的稳定。例如 1929 年美国股市的暴跌引发了影响最久远和最深刻的世界经济危机，致使美国和欧洲等地的金融体系瘫痪，工厂停产，工人失业，整个社会的经济发展陷入停滞。1997 年亚洲的金融风暴席卷了新加坡、日本、韩国和马来西亚等多个亚洲国家，当地的经济遭受重创，主权货币迅速贬值，股票市场接连下挫。2008 年由美国次贷危机所引发的全球金融危机，也给世界各国经济带来了巨大影响。而在单个金融市场上，极端风险也依然有较大的破坏力，2015 年中国股票市场快速下跌，在 3 个月的时间里市值迅速减少了 24 万亿元人民币。因此，面对金融市场的极端风险，不论是市场的参与者还是政府部门都十分重视风险管理及稳定金融体系。

风险管理的首要任务便是度量金融风险，只有测算出金融风险将会带来的影响和损失，才能够及时做好应对风险的准备。目前，最广为使用的是1993年，摩根大通提出并由若里翁（Jorion，1996）严格定义的风险价值模型（VaR），它用以评估和度量金融风险。VaR指标已经广泛应用于商业银行、投资银行、公募基金、资产管理公司和监管部门等众多金融机构，是主要的风险管理措施之一。

VaR风险价值模型将金融资产的多个因素整合在一起，根据金融资产收益率的分布来衡量金融资产潜在的最大损失值，以衡量其具有的金融风险。由于导致金融资产亏损的因素较多，难以面面俱到，所以从源头来估计损失的大小十分困难。相反，如果估计金融资产的收益率分布，便能够推断金融资产可能产生的亏损，进而实施风险管理。假设金融资产收益率的预期概率分布为 $F(x)$，那么给定分位数 α，根据阿森纳等（Artzner et al.，1999）和费尔默等（Föllmer et al.，2016）给出的定义，相应的VaR指标可以表示为

$$\text{VaR} = -\inf\{x \in R : F(x) > \alpha\} \tag{5.1}$$

式（5.1）表明 VaR 指标衡量的是金融资产在概率 $1-\alpha$ 下可能达到的最大值，即金融资产的损失超过 VaR 的概率为 α。但是运用 VaR 指标，需要对金融资产的收益率分布做出预期估计。通常情况下 VaR 模型会假设金融资产的收益率服从正态分布，但是市场上观察到的金融数据和投资实践表明，收益率并不完全符合正态分布的假设，相反会具有"尖峰厚尾"的特征。如果仍然按照正态分布的假设计算 VaR，则会产生较大误差。

考虑到 VaR 指标主要针对收益率的极端情况，即收益率的尾部特征。因此只需要对收益率的尾部分布进行建模，而不必估计收益率的整个概率分布，就可以得到有效的 VaR 指标，其中极值理论便是专门分析概率分布尾部特征的数学方法。

5.2 极值理论

5.2.1 极值分布函数

极值理论最先运用在水文观测中，用来分析河流的潮涨潮落。费雪等学

（Fisher et al., 1928）最先研究了样本数据中最小值的概率分布，并提出了极值类型定理。

假设 $\{X_i\}_n$ 是一组独立同分布的随机变量，其最大值为 $M_n = \max_{i \in n}(X_i)$，那么存在两列常数，$a_n > 0$，$b_n \in \mathcal{R}$，满足

$$\lim_{n \to \infty} P\left(\frac{M_n - b_n}{a_n} \leqslant x\right) = H(x) \tag{5.2}$$

其中 $H(x)$ 是非退化分布函数，那么 $H(x)$ 是以下三种类型分布函数中的一种：

冈布尔（Gumbel）分布（Ⅰ型分布）：$H_1(x) = \exp\left\{-\exp\left\{\frac{x-\mu}{\sigma}\right\}\right\}$，$x \in \mathcal{R}$；

弗雷西（Fréchet）分布（Ⅱ型分布）：$H_2(x) = \begin{cases} 0, & x \leqslant \mu \\ \exp\left\{-\left(\frac{x-\mu}{\sigma}\right)^{-\xi}\right\}, & x > \mu \end{cases}$；

威布尔（Weibull）分布（Ⅲ型分布）：$H_3(x) = \begin{cases} \exp\left\{-\left(-\frac{x-\mu}{\sigma}\right)^{-\xi}\right\}, & x \leqslant \mu \\ 1, & x > \mu \end{cases}$

其中 μ 是分布的位置参数，ξ 是分布的形状参数，σ 是尺度参数。

图5.1展示了这三种类型的分布函数图像。这三类分布具有不同的特征，其中Gumbel分布包括了正态分布、对数正态分布等，尾部以指数 e^{-x} 的速度衰减。Fréchet分布包括了 t 分布、帕累托（Pareto）分布等，尾部以多项式 $x^{-\alpha}$ 的速度衰减。而Weibull分布不同于上述两种分布，其右侧端点有限值，左侧同样以 $x^{-\alpha}$ 的速度衰减。比较上述三种分布类型，Fréchet分布具有更好的厚尾特征，因此金融风险管理领域大多利用Fréchet分布来描述金融资产收益率的尾部特征。

尽管三类极值分布函数的特点各不相同，但也联系紧密。若随机变量 X 服从 Fréchet 分布，那么 $\log X^\alpha$ 则服从 Gumbel 分布，$-X^{-1}$ 服从 Weibull 分布。因此，可以构造广义极值分布（GEV）来统一表示上述三种极值概率分布：

$$H(x; \mu, \sigma, \xi) = \exp\left\{-\left(1 + \xi \frac{x-\mu}{\sigma}\right)^{-\frac{1}{\xi}}\right\}, \quad 1 + \xi \frac{x-\mu}{\sigma} > 0 \tag{5.3}$$

可以注意到，如果分布的参数 ξ 越大，那么分布函数的收敛速度越慢，尾部也就越厚。

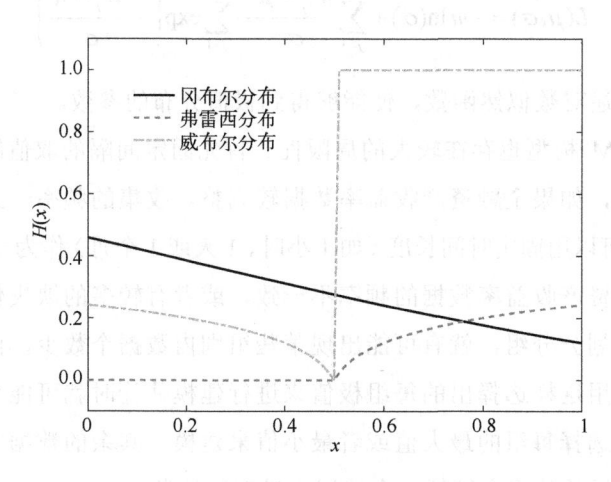

图 5.1 三类极值分布函数

5.2.2 分块最大值法和超阈值理论

将极值理论模型与现实金融数据联系起来的方法主要是分块最大值法（Block Maxima Method，BMM）。该方法将金融资产的收益率数据按时间顺序排列，然后按照固定间隔将数据划分成多个子样本，选择每个子样本中的极值来进行建模。BMM 方法可以较好地处理平稳时间序列上的数据。如果收益率数据具有明显季节效应，或者周期特征，也可以通过合理地划分子样本来减少这些因素的影响。

假设金融资产收益率的时间序列为 $\{X_t\}_T$，按等间距 d 划分成 $m=T/d$ 个区间，其中 M_j 表示在第 j 个区间的最大值，那么只要当间距 d 足够大时，最大值序列 M_j 就满足广义极值分布。广义极值分布的参数通常可以用极大似然法来估计，能够保证估计结果无偏一致且有效。当分布的形状参数 $\xi \neq 0$ 时，最大值序列 M_j 的对数似然函数可以表示为

$$L(\mu,\sigma,\xi) = -m\ln(\sigma) - \left(1+\frac{1}{\xi}\right)\sum_{j=1}^{m}\ln\left(1+\xi\frac{M_j-\mu}{\sigma}\right) - \sum_{j=1}^{m}\left(1+\xi\frac{M_j-\mu}{\sigma}\right)^{-1/\xi} \quad (5.4)$$

当 $\xi=0$ 时，对数似然函数更加简洁，

$$L(\mu,\sigma)=-m\ln(\sigma)+\sum_{j=1}^{m}\frac{M_j-\mu}{\sigma}-\sum_{j=1}^{m}\exp\left(-\frac{M_j-\mu}{\sigma}\right) \tag{5.5}$$

那么最小化上述对数似然函数，便能够得到极值分布的参数。

但是 BMM 模型也存在较大的局限性。首先固定间隔的取值缺少一个明确而统一的标准，如果金融资产收益率数据较完整，收集的频率一致且缺失值较少，那么通常可以用固定时间长度（如 1 小时、1 天或 1 个月）作为子样本的长度。但是如果金融资产收益率数据的频率不一致，或者有较多的缺失值，那么按照固定时间长度划分分组，就有可能出现某些组别内数据个数少，而某些组数据较多的情况，用这样选择出的每组极值来进行建模估计时就可能导致偏误。其次，由于都是选择每组的最大值或者最小值来建模，其余的数据完全没有充分利用，原始数据的使用率较低，会遗漏大量有用信息。

为了解决上述问题，戴维森等（Davison et al.，1990）提出了超出阈值模型（Peaks Over Threshold，POT）。该方法假设存在某个阈值 u，样本数据 X_i 中所有超过阈值 u 的随机变量 $\tilde{X}_j$，都服从广义帕累托分布（Generalized Pareto Distribution，GPD），而且不论原始数据服从怎样的分布，这些超过阈值数据的分布将都收敛到广义帕累托分布。

$$G(x;u,\sigma,\xi)=\begin{cases}1-\left(1+\xi\dfrac{x-u}{\sigma}\right)^{-\frac{1}{\xi}}, & \xi\neq 0\\ 1-\exp\left\{-\dfrac{x-u}{\sigma}\right\}, & \xi=0\end{cases} \tag{5.6}$$

同样，ξ 是广义帕累托分布的形状参数，σ 是分布的尺度参数。那么，也可以得到广义帕累托分布的概率密度函数 $g(x;u,\sigma,\xi)$：

$$g(x;u,\sigma,\xi)=\begin{cases}\dfrac{1}{\sigma}\left(1+\xi\dfrac{x-u}{\sigma}\right)^{-\frac{1}{\xi}-1}, & \xi\neq 0\\ \dfrac{1}{\sigma}\exp\left\{-\dfrac{x-u}{\sigma}\right\}, & \xi=0\end{cases} \tag{5.7}$$

根据 ξ 不同的取值，广义帕累托分布概率密度函数具有不同的形态：当 $\xi=0$ 时，分布函数是指数分布，称为广义帕累托 I 型分布；当 $\xi>0$ 时，称为广义帕

累托Ⅱ型分布；当$\xi<0$时，分布函数是贝塔（Beta）分布，称为广义帕累托Ⅲ型分布。需要注意的是，当$\xi\geqslant0$时，x需要满足条件$x-u>0$。而当$\xi<0$时，x需要满足条件$0\leqslant x-u<-\sigma/\xi$。

图 5.2 分别展示了三种广义帕累托分布的概率密度函数$g(x)$和概率分布函数$G(x)$。从图中可以发现，$\xi>0$时，广义帕累托Ⅱ型分布峰度更大，尾部概率更高，相反，$\xi<0$时广义帕累托Ⅲ型分布尾部更薄，峰度更小。广义帕累托Ⅰ型分布的峰度大小居于中间。

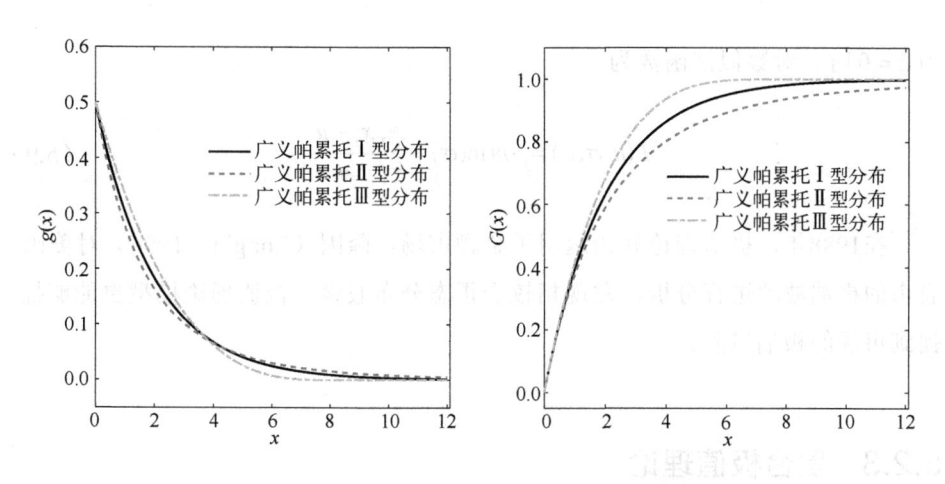

图 5.2 三类广义帕累托分布的密度函数和概率分布函数

当参数$\xi<1$时，广义帕累托分布的均值存在，为$\mu+\sigma/(1-\xi)$。而只有当$\xi<1/2$时，广义帕累托的二阶矩方差才存在，等于$\dfrac{\sigma^2}{(1-\xi)^2(1-2\xi)}$。而对于广义帕累托分布的三阶矩和四阶矩，当且仅当$\xi<1/3$和$\xi<1/4$时才存在。

广义帕累托分布的阈值选择也并不固定，麦克尼尔等（McNeil et al., 2015）提出了阈值改变定理。对于广义帕累托分布$G(x;u,\sigma,\xi)$，如果存在某个新的阈值v，且$v<u$。那么超过阈值v的随机变量依然服从广义帕累托分布，其形状参数不变依然为ξ，尺度参数变为$\sigma+\xi^*(u-v)$，所以其分布函数为$G(x;v,\sigma+\xi^*(u-v),\xi)$。

广义帕累托分布和广义极值分布之间也存在着联系。广义帕累托分布和广义极值分布均是描述随机变量的极值特征，其中广义极值分布着重描述的是随机变量的分组最大值，而广义帕累托分布则是描述超阈值的大小特征，两者均是对随机变量尾部行为的刻画。比较广义帕累托分布 $G(x;u,\sigma,\xi)$ 和广义极值分布 $H(x;\mu,\sigma,\xi)$ 可以发现，$G(x;u,\sigma,\xi)=1+\log H(x;\mu,\sigma,\xi)$。

广义帕累托分布的参数，可以通过极大似然法来估计。根据广义帕累托分布的概率密度函数 $g(x;u,\sigma,\xi)$ 可以得到，当 $\xi \neq 0$ 时对数似然函数为

$$L(u,\sigma,\xi)=-m\ln(\sigma)-\left(1+\frac{1}{\xi}\right)\sum_{j=1}^{m}\ln\left(1+\frac{\xi(x_j-u)}{\sigma}\right) \tag{5.8}$$

当 $\xi=0$ 时，对数似然函数为

$$L(u,\sigma,\xi)=-m\ln(\sigma)+\sum_{j=1}^{m}\frac{x_j-u}{\sigma} \tag{5.9}$$

在1988年，极值理论开始运用于金融市场，隆因（Longin，1996）对美国股市的极端波动进行分析，发现相较于正态分布假设，极值理论模型更能够捕捉到市场的极端风险。

5.2.3 复合极值理论

金融资产的收益率数据除了"尖峰厚尾"的特征外，还存在波动聚集的现象。当金融资产在某段时间内出现了较大波动，那么之后往往还会再次出现较大的波动。而如果在某段时间内，金融资产的波动较为平缓，那么在接下来的时间内，金融资产的收益率也很少出现较大波动。除此之外，金融资产的波动性也存在较为明显的长期记忆性，当期收益率的大幅波动对收益率存在持续时间较长的影响。这些现象表明，金融资产的极端风险不能仅从其大小的概率分布上来衡量，还需要从发生的频率上来考量。因为，根据聚集性特征，当某段时间内极端风险出现的频率较高，那么在之后一段时间内出现极端风险的可能性将会明显增加。

复合极值模型则能够较好地将事件发生的频率与极值理论相结合进行综合分析。复合极值理论来源于对海洋环境的监测。费勒（Feller，1957）首次提出

了复合极值分布理论，来描述海洋环境，将飓风、台风等天气状况出现的频次进行建模并与极值理论相结合，构建出泊松-威布尔复合机极值分布，该分布能够较好地拟合极端的浪潮数据从而做出较为准确的建模。

同样对于金融领域，也可以分别根据金融资产出现极端风险的频次和数值大小构建复合极值分布。不妨假设金融资产的收益率 $\{X_i\}_n$ 是独立同分布随机变量，阈值为 μ，用 N_μ 表示随机变量 X 超过阈值 μ 的个数。那么超阈值 $\{\tilde{X}_j\}_{N_\mu}$ 的概率分布可以用广义帕累托分布 $G(x;\mu,\sigma,\xi)$ 来表示。定义随机变量 ζ 表示这些超阈值变量的最大值

$$\zeta = \max_{1 \leqslant j \leqslant N_\mu} \tilde{X}_j \tag{5.10}$$

如果 $N_\mu = 0$，那么 $\zeta = \zeta_0$。那么可以计算出 ζ 的概率分布函数 $F_\zeta(x)$ 为

$$F_\zeta(x) = P\{\zeta_0 \leqslant x\} \times P\{N_\mu = 0\} + \sum_{N=1}^{\infty} P\{\max_{1 \leqslant j \leqslant N} \tilde{X}_j \leqslant x\} \times P\{N_\mu = N\} \tag{5.11}$$

假设随机变量超过阈值 μ 的个数 N_μ 服从强度参数为 λ 的泊松分布，超阈值的大小概率分布由帕累托分布 $G(x;\mu,\sigma,\xi)$ 近似，那么分布函数 $F_\zeta(x)$ 可以进一步表示成

$$F_\zeta(x) = P\{\zeta_0 \leqslant x\} e^{-\lambda} + \sum_{N=1}^{\infty} G(x;\mu,\sigma,\xi)^N \times \frac{\lambda^N}{N!} e^{-\lambda} \tag{5.12}$$

可以注意到，当 λ 较大时，$e^{-\lambda}$ 取值较小，因此上式第一项可以忽略不计。$F_\zeta(x)$ 可以近似表示成

$$F_\zeta(x) = \sum_{N=1}^{\infty} G(x;\mu,\sigma,\xi)^N \times \frac{\lambda^N}{N!} e^{-\lambda} = e^{-\lambda(1-G(x;\mu,\sigma,\xi))} = e^{-\lambda\left(1+\xi\frac{x-\mu}{\sigma}\right)^{-1/\xi}} \tag{5.13}$$

随机变量 ζ 将极值大小和出现极值的频率结合了起来。一段时间内，如果极端事件出现的频率越高，那么极端事件产生的影响也就更大。相反，如果极端事件出现的频率较低，那么产生的影响也较小。因此，对于投资者而言，风险管理不仅要考虑到极值大小的分布情况，也要注意极值出现的频率。从分布函数中，可以发现极值出现的频率会影响随机变量 ζ 的概率分布。这意味着极端风险事件发生的频率越高，投资者所面临的风险价值将会增大。

但在股票市场中，极端风险事件发生的频率并不是一成不变的，有可能在

某段时间内，股票市场波动较小，很少出现大幅下跌的情况。相反，也有可能在某段时间内，股票市场波动剧烈，甚至连续多日出现大幅下跌。对这两类时期的风险管理和在险价值的评估也应该有所差异。所以，要有效地进行风险管理，便需要考虑股票市场上极端风险事件出现的频率是否发生了变化，然后才能选择最适合当前市场环境的风险管理策略。因此，本章设定极端风险事件发生频率的变化构造随机无序模型，以更好地进行风险管理。

5.3 模型设定及求解

5.3.1 极端风险事件发生频率建模

假设极端风险事件发生的次数服从泊松分布，在概率空间 $(\Omega, \mathcal{F}, P_0)$ 中是一个计数过程 $X_t, t \geq 0$，当出现一次极端风险后，计数过程 X_t 加 1，那么该计数过程便是一个泊松过程。定义 $\mathcal{F}_t$ 是由计数过程 X_t 生成的 σ 域 $\mathcal{F}_t = \sigma(X_t)$，$g_t$ 是 $\mathcal{F}_t$ 和 θ 生成的 σ 域的并集，即 $g_t = \mathcal{F}_t \cup \sigma(\theta)$。

在一个随机时刻 θ 之前，该泊松过程的强度参数是 λ_0，在 θ 时刻之后，泊松过程的强度参数变为 λ_1。股票市场投资者对于时刻 θ 所处的位置有一个先验分布

$$P_0(\theta = 0) = \pi$$
$$P_0(\theta > t) = (1-\pi)e^{-\lambda t} \quad (5.14)$$

随机无序模型的优化目标和值函数是最小化犯错概率和滞后时长，

$$V = \inf_{\tau \in \mathcal{J}} P^x(\tau < \theta) + cE^x(\tau - \theta)^+ \quad (5.15)$$

求解随机无序问题（5.15），同样可以运用第 3 章的方法，转化成后验概率的最优停时问题。定义拉东-尼柯迪姆导数 Z_t，

$$Z_t = \exp\left\{\int_0^t \log\left(\frac{h(s)}{\lambda_0}\right) dX_s - \int_0^t (h(s) - \lambda_0) ds\right\} \quad (5.16)$$

和相应的概率测度测度 P

$$\left.\frac{\mathrm{d}P}{\mathrm{d}P_0}\right|_{\mathcal{G}_t} = Z_t \quad (5.17)$$

在概率测度 P 下，后验概率 $\pi_t = P(\theta \leqslant t | \mathcal{F}_t)$ 可以表示成

$$\pi_t = \frac{E_0\left[Z_t I_{\theta \leqslant t} | \mathcal{F}_t\right]}{E_0\left[Z_t | \mathcal{F}_t\right]} \quad (5.18)$$

相应的 $1-\pi_t$ 则有

$$1-\pi_t = \frac{E_0[Z_t I_{\theta > t} | \mathcal{F}_t]}{E_0[Z_t | \mathcal{F}_t]} = \frac{(1-\pi)\mathrm{e}^{-\lambda t}}{E_0[Z_t | \mathcal{F}_t]} \quad (5.19)$$

可以很容易得到概率比过程 ϕ_t

$$\phi_t = \frac{\pi_t}{1-\pi_t} = \frac{\mathrm{e}^{\lambda t}}{1-\pi} E_0[Z_t I_{\theta \leqslant t} | \mathcal{F}_t]_0 \quad (5.20)$$

随机无序问题（5.15）也能转化成关于过程 ϕ_t 的形式，其中第一项 $P_0(\tau < \theta)$ 有如下等式

$$P_0(\tau < \theta) = 1 - P_0(\tau > \theta) - P_0(\theta = 0) = 1 - \pi - (1-\pi)\lambda E_0 \int_0^\tau \mathrm{e}^{-\lambda s} \mathrm{d}s \quad (5.21)$$

第二项 $E_0(\tau - \theta)^+$ 也满足等式（5.22），

$$\begin{aligned} E_0(\tau-\theta)^+ &= E_0\left[I_{\tau > \theta} \int_\theta^\tau \mathrm{d}t\right] = E_0 \int_0^\infty I_{\tau > t} I_{\theta \leqslant t} \mathrm{d}t \\ &= \int_0^\infty E_0\left[I_{\tau > t} E_0\left[Z_t I_{\theta \leqslant t} | \mathcal{F}_t\right]\right] \mathrm{d}t \\ &= (1-\pi) E_0 \int_0^\tau \mathrm{e}^{-\lambda t} \phi_t \mathrm{d}t \end{aligned} \quad (5.22)$$

因此，随机无序问题（5.15）转化为

$$V = \inf_{\tau \in \mathcal{J}} (1-\pi) + (1-\pi) E_0 \int_0^\tau \mathrm{e}^{-\lambda t} \left(c\phi_t - \lambda\right) \mathrm{d}t_0 \quad (5.23)$$

为了得到最优停时问题（5.23）对应的自由边界微分方程，还需要找到过程 ϕ_t 的无穷小生成元，定理 5.3.1 给出了无穷小生成元的表达式。

定理 5.3.1 如果随机过程 ϕ_t 满足 $\phi_t = \dfrac{\mathrm{e}^{\lambda t}}{1-\pi} E_0[Z_t I_{\theta \leqslant t} | \mathcal{F}_t]$，那么 ϕ_t 满足的随机

微分方程为

$$d\phi_t = (\lambda + (\lambda - \lambda_1 + \lambda_0)\phi_t)dt + (\lambda_1/\lambda_0 - 1)\phi_t \cdot dX_t \quad (5.24)$$

相应的无穷小生成元为

$$\mathcal{A}f(\phi) = [\lambda + (\lambda - \lambda_1 + \lambda_0)\phi]f'(\phi) + f(\lambda_1/\lambda_0 \phi) - f(\phi) \quad (5.25)$$

证明：参见 5.7 节。

5.3.2 基于泊松过程的随机无序模型的求解

为了简化求解过程中表达，不妨定义 $a = \lambda - \lambda_1 + \lambda_0$，$b = \lambda + \lambda_0$，$d = -\lambda/a$，$r = \lambda_1/\lambda_0$，$k = \lambda/c$。由于最优停时问题（5.23）的求解存在多种情形，需要分情况讨论。

5.3.2.1 情况一：$\lambda_1 \geq \lambda_0$，$d < 0$ 或者 $0 < k \leq d$

如果 $\lambda_1 \geq \lambda_0$，并且 $d < 0$ 或者 $0 < k \leq d$，意味着 λ_1 和 λ_0 的差距十分微小，定理 5.3.2 给出了此时对应的自由边界微分方程。

定理 5.3.2 当 $\lambda_1 \geq \lambda_0$，并且 $d < 0$ 或者 $0 < k \leq d$ 时，最优停时问题（5.23）可以转化为自由边界微分方程：

$$\begin{cases} (\lambda + ax)f'(x) - bf(x) + \lambda_0 f(rx) \geq \lambda/c - x, & x > 0 \\ (\lambda + ax)f'(x) - bf(x) + \lambda_0 f(rx) = \lambda/c - x, & 0 < x \leq \Gamma^* \\ f(x) = 0, & x \geq \Gamma^* \end{cases} \quad (5.26)$$

其中 Γ^* 是最优停时区域的边界。对应的最优停时为

$$\tau^* = \inf\{t \geq 1 \mid \phi_t \geq \Gamma^*\} \quad (5.27)$$

证明：参见 5.7 节。

对于情况一，当 $d < 0$ 时，只要事件发生，泊松计数过程产生跳跃，那么 ϕ 就会增加。相反，如果 $d > 0$，那么过程 ϕ 会以 d 为均值进行均值回归运动。具体而言，当 $\phi > d$ 时，泊松计数过程发生跳跃，那么过程 ϕ 会下降。相反当 $\phi < d$ 时，泊松过程的跳跃会使得 ϕ 增加。需要注意的是，当 ϕ 超过 λ/c 之后，便不会再进入到 $(0, \lambda/c)$ 的区间。公式（5.24）表明，目标函数与 ϕ 正相关，与时间 t 负相关，

根据公式（5.24），ϕ 在区间 $(0, \lambda/c)$ 内时，目标函数是 ϕ 和 τ 的增函数，所以最优停止边界不在这个区间。但是，一旦 ϕ 超过 λ/c，目标函数就是 τ 的减函数，ϕ 会收敛到 d，但是时间 τ 会增加，使得目标函数减少。因此情况一的最优停止边界便为

$$\varGamma^* = \lambda/c_0 \tag{5.28}$$

本章对情况一的边界进行敏感性分析，同时注意到除了最优停止边界在不同参数下会发生变化外，过程 ϕ_t 的变化速率也会不一样，因此本章选择了 $\mathrm{d}\phi_t$ 中 $\mathrm{d}t$ 前的部分系数 $\lambda - \lambda_1 + \lambda_0$，用来表示 ϕ_t 的变化速率，以及 $\mathrm{d}X_t$ 前的系数 $\lambda_1/\lambda_0 - 1$，用来表示当事件发生导致过程 X_t 跳跃时，ϕ_t 相应的变化速率。表 5.1 展示了敏感性分析的结果，本章分别比较了不同 λ_1、c 和 λ 下，最优停止边界和 ϕ_t 变化速率的敏感性。

表 5.1 情况一下最优停止边界和过程 ϕ_t 变化速率的敏感性分析

Panel A: $\lambda_0 = 10$, $c = 0.3$, $\lambda = 0.46$					
λ_1	10.50	10.55	10.60	10.65	10.70
$\varGamma^*$	1.54	1.54	1.54	1.54	1.54
$\lambda - \lambda_1 + \lambda_0$	−0.04	−0.09	−0.14	−0.19	−0.24
$\lambda_1/\lambda_0 - 1$	0.05	0.06	0.06	0.07	0.07
Panel B: $\lambda_0 = 10$, $\lambda_1 = 10.7$, $\lambda = 0.46$					
c	0.30	0.40	0.50	0.60	0.70
$\varGamma^*$	1.54	1.15	0.92	0.77	0.66
$\lambda - \lambda_1 + \lambda_0$	−0.24	−0.24	−0.24	−0.24	−0.24
$\lambda_1/\lambda_0 - 1$	0.07	0.07	0.07	0.07	0.07
Panel C: $\lambda_0 = 10$, $\lambda_1 = 10.7$, $c = 0.3$					
λ	0.50	0.52	0.54	0.56	0.58
$\varGamma^*$	1.67	1.73	1.80	1.86	1.93
$\lambda - \lambda_1 + \lambda_0$	−0.20	−0.18	−0.16	−0.14	−0.12
$\lambda_1/\lambda_0 - 1$	0.07	0.07	0.07	0.07	0.07

在 Panel A 中，固定 $\lambda_0=10$，$c=0.3$，$\lambda=0.46$ 保持不变，逐渐增加参数 λ_1 的大小。由于 $\Gamma^*=\lambda/c$，因此其不受参数 λ_1 的影响，保持不变。而反映 ϕ_t 随时间变化速率的系数 $\lambda-\lambda_1+\lambda_0$ 小于 0，并且绝对值随之增大。这是因为，假设极端事件出现的频率会增加，因此若没有事件发生，那么随时间推移，极端事件的间隔时间越来越长，频率增加的后验概率则会越来越小，所以 ϕ_t 随时间逐渐下降。同时，若假设变化后的频率 λ_1 与当前频率 λ_0 差距越大，那么极端事件的间隔时长会使后验概率下降得更多，所以该项系数会随着 λ_1 的增加越来越小。相反，表示 ϕ_t 随事件发生的变化速率系数 λ_1/λ_0-1 大于 0，且随着 λ_1 的增加而增加，这意味着如果发生了极端风险事件，那么频率增加的后验概率也将随之上升。

Panel B 中，固定参数 $\lambda_0=10$，$\lambda_1=10.7$，$\lambda=0.46$ 保持不变，逐渐增加滞后惩罚项系数 c 的大小。可以发现，最优停止边界随着滞后惩罚项系数 c 的增大而逐渐降低。这说明，滞后的惩罚越严重，那么在相同的计数过程 X_t 下，ϕ_t 会更容易达到最优停止边界，相应的 τ^* 更小，以缩小 τ^* 和 θ 之间的差距。由于改变 c 的大小并不影响后验概率变化的规律，因此 $\lambda-\lambda_1+\lambda_0$ 和 λ_1/λ_0-1 保持不变。

Panel C 中，参数 $\lambda_0=10$，$\lambda_1=10.7$，$c=0.3$ 保持不变，逐渐增加先验概率分布参数 λ 的大小。最优停止边界 Γ^* 随 λ 增加而增加。因为先验概率分布参数 λ 越大，意味着在投资者眼里，频率发生改变的先验概率越小。所以最优停止边界也相应抬高，使得过程 ϕ_t 更难达到。但是，ϕ_t 随时间变化速率的系数 $\lambda-\lambda_1+\lambda_0$ 在逐渐增加，这说明当频率发生改变的先验概率较小时，极端事件的间隔时长对后验概率的影响也有所下降。最后，系数 λ_1/λ_0-1 与先验概率无关，因此事件发生所导致的后验概率变化并不受先验概率的影响。

5.3.2.2　情况二：$\lambda_1>\lambda_0$，$0<d<\lambda/c$

情况二，当 $\lambda_1>\lambda_0$，并且 $0<d<\lambda/c$ 时，与情况一最明显的区别在于 λ_1 显著大于 λ_0。这使得自由边界的微分方程有所改变，情况二下，最优停时问题（5.23）对应的微分方程可以表示为

$$\begin{cases} f'(x)=-\operatorname{sgn}(\lambda+ax)|\lambda+ax|^{(-b/a-1)}(x-\lambda c)+\lambda_0 h(x)f(rx), & d\leqslant x<\Gamma^* \\ f(x)=0, & x\geqslant \Gamma^* \end{cases} \quad (5.29)$$

其中 $h(x) = \text{sgn}(\lambda+ax)|\lambda+ax|^{(-b/a-1)}|\lambda+arx|^{(b/a)}$，$\text{sgn}(x)$ 表示 x 的正负号。

在情况二中，由于 ϕ_t 离开区间 $(0,\lambda/c)$ 后，仍有可能回到该区间 $(0,\lambda/c)$，因此就不会出现目标函数始终是时间 τ 的减函数的情况，所以最优停止边界将会大于 λ/c。因此，可以先假设边界 $\Gamma^*=\gamma$，计算出微分方程的解 $f_\gamma(x)$，由于 $f_\gamma(x)$ 在 $[d,+\infty)$ 上均小于等于 0，于是便可以检验 $f_\gamma(d)$ 是否等于 0。由于函数 $g(\gamma)=f_\gamma(d)$ 是连续并且严格单调递减，所以可以对 γ 运用二分法，来求得使 $f_\gamma(d)$ 恰好等于 0 的 γ^*，那么最优停止边界 $\Gamma^*=\gamma^*$。

要注意到，上述的微分方程中，均包含了 $f(rx)$ 项，这意味着当前的微分与函数过去的数据相关，属于时滞微分方程。借助尚派因等（Shampine et al., 2001）的方法，可以得到微分方程的数值解。本章求出了在不同参数下最优停止边界的数值解，结果见表5.2。与情况一一样，在Panel A中，本章固定 $\lambda_0=10$，$c=0.3$，$\lambda=0.46$ 保持不变，由于 λ_1 在情况二中应该显著大于 λ_0，因此，本章假设 λ_1 从12.00增加到20.00。不同于情况一，最优停止边界 Γ^* 随 λ_1 的增加明显增大，说明在情况二下，若认为极端事件发生的概率将会显著增大，那么边界值也将升高，使得在相同计数过程下，ϕ_t 更难达到最优停止边界，即更难判断极端事件发生的频率是否发生了改变。$\lambda-\lambda_1+\lambda_0$ 和 λ_1/λ_0-1 与情况一的变化特征一致。其中，随时间的变化速率系数也小于0，并且随 λ_1 的增加而减小，随极端事件发生的变化速率系数大于0，随 λ_1 的增加而增加。

表 5.2 情况二下最优停止边界和过程 ϕ_t 变化速率的敏感性分析

	Panel A: $\lambda_0=10$，$c=0.3$，$\lambda=0.46$				
λ_1	12.00	14.00	16.00	18.00	20.00
Γ^*	1.80	2.74	4.30	6.43	9.06
$\lambda-\lambda_1+\lambda_0$	-1.54	-3.54	-5.54	-7.54	-9.54
λ_1/λ_0-1	0.20	0.40	0.60	0.80	1.00
	Panel B: $\lambda_0=10$，$\lambda_1=15$，$\lambda=0.46$				
c	0.10	0.20	0.30	0.40	0.50
Γ^*	12.12	5.57	3.45	2.42	1.83
$\lambda-\lambda_1+\lambda_0$	-4.54	-4.54	-4.54	-4.54	-4.54
λ_1/λ_0-1	0.50	0.50	0.50	0.50	0.50

续表

Panel C: $\lambda_0=10$, $\lambda_1=15$, $c=0.3$					
λ	0.50	0.52	0.54	0.56	0.58
Γ^*	3.60	3.68	3.76	3.84	3.92
$\lambda-\lambda_1+\lambda_0$	-4.50	-4.48	-4.46	-4.44	-4.42
λ_1/λ_0-1	0.50	0.50	0.50	0.50	0.50

5.3.2.3 情况三：$\lambda_1<\lambda_0$

当 $\lambda_1<\lambda_0$ 时，随机停时模型（5.23）对应的自由边界微分方程为

$$\begin{cases} f'(x)=-(\lambda+ax)^{(-b/a-1)}\left[\lambda_0(\lambda+arx)^{(b/a)}f(\mathrm{r}x)+x-\lambda/c\right], x>0 \\ f(\Gamma^*)=f'(\Gamma^*)=0, \quad x\leqslant 0 \end{cases} \quad (5.30)$$

情况三的性质与情况二类似，其中最优停止边界 $\Gamma^*>k$，但同时小于 $b\backslash c$，由于 $f(\Gamma^*)=f'(\Gamma^*)=0$，所以函数 $f(x)$ 在区间 $[0,b/c]$ 上在 Γ^* 处取得最大值，且最大值等于 0。因此，可以通过假设微分方程的初始条件 $f(0)=i$ 的不同取值，先得到微分方程的解 f_i，再来计算 $f_i(x)$ 在区间 $[0,b/c]$ 上取得最大值的位置 Γ_i，并验证最大值是否等于 0。基于这一性质，可以通过对初始条件 i 二分法遍历得到微分方程的解，那么其取得最大值的位置就是最优停止边界 Γ^*。

本章对第三种情况进行了敏感性分析，由于情况三假设 λ_1 小于 λ_0，因此在表 5.3 的 Panel A 中，将参数 $\lambda_0=10$，$c=0.3$，$\lambda=0.46$ 保持不变，λ_1 从 1.00 增加到 9.00，保证其满足情况三的条件。

可以发现随着 λ_1 逐渐增加，λ_0 和 λ_1 之间的差距不断缩小，最优停止边界 Γ^* 不断下降，这样的特征与情况二是一致的。当参数变化前后的差距较小时，最优停止边界也较低，过程 ϕ 更容易触及到最优停止边界。而随时间的变化速率系数 $\lambda-\lambda_1+\lambda_0$ 大于 0，且随着 λ_1 的增加而减小。这是因为，此时假设极端风险事件出现的频率会变小，因此间隔时长越大，频率发生改变的后验概率也将更大，因此随时间变化的速率系数大于 0。相反，事件发生的变化速率系数小于 0。意味着，当极端事件发生，频率改变的后验概率是在下降的。同时，也注意到，

不论是随时间的变化速率系数还是事件发生的变化速率系数，都随着 λ_1 和 λ_0 的差距缩小而减小，以与最优停止边界的大小相匹配。

Panel B 中，本章固定 $\lambda_0 = 10$，$\lambda_1 = 5$，$\lambda = 0.46$ 保持不变，同样提高滞后惩罚项的系数 c。与情况一和情况二一样，过程 ϕ_t 的变化速率不会发生改变，而最优停止边界 $\varGamma^*$ 不断下降。同样，在相同的随机过程下，惩罚项系数越大，达到最优停止边界的时间也就越早，会更快判断极端事件发生的频率是否发生改变。

Panel C 中，同样固定 $\lambda_0 = 10$，$\lambda_1 = 5$，$c = 0.3$，增加先验概率系数 λ 的系数。最优停止边界的变化规律与情况二一致，当 λ 越大，意味着极端事件频率发生改变的先验概率越小，所以最优停止边界升高。随时间的变化速率系数 $\lambda - \lambda_1 + \lambda_0$ 也随之增加，说明极端事件出现的时间间隔越长，后验概率增加的幅度也就越大。而表示事件发生的变化速率的系数则不受此影响。

表 5.3　情况三下最优停止边界和过程 ϕ_t 变化速率的敏感性分析

Panel A：$\lambda_0 = 10$，$c = 0.3$，$\lambda = 0.46$					
λ_1	1.00	3.00	5.00	7.00	9.00
$\varGamma^*$	19.59	10.33	5.34	3.21	2.14
$\lambda - \lambda_1 + \lambda_0$	9.58	7.58	5.58	3.58	1.58
$\lambda_1 / \lambda_0 - 1$	−0.90	−0.70	−0.50	−0.30	−0.10

Panel B：$\lambda_0 = 10$，$\lambda_1 = 5$，$\lambda = 0.46$					
c	0.10	0.20	0.30	0.40	0.50
$\varGamma^*$	19.24	8.55	5.34	3.74	2.99
$\lambda - \lambda_1 + \lambda_0$	5.58	5.58	5.58	5.58	5.58
$\lambda_1 / \lambda_0 - 1$	−0.50	−0.50	−0.50	−0.50	−0.50

Panel C：$\lambda_0 = 10$，$\lambda_1 = 5$，$c = 0.3$					
λ	0.50	0.52	0.54	0.56	0.58
$\varGamma^*$	4.95	5.31	5.32	5.33	5.34
$\lambda - \lambda_1 + \lambda_0$	5.50	5.52	5.54	5.56	5.58
$\lambda_1 / \lambda_0 - 1$	−0.50	−0.50	−0.50	−0.50	−0.50

5.4 数值分析

接下来，本章对泊松计数过程进行数值模拟，来分析随机无序模型的性质。本章假设随机过程的总时长 $T=5$，时间滞后惩罚项系数 $c=3$，先验概率系数 $\lambda=0.46$。

首先，本章模拟事件发生频率下降的情况，假设泊松计数过程的初始参数 $\lambda_0=3$，在 $\theta=2.5$ 之后，参数升高到 $\lambda_1=6$。图 5.3 中上图展示了模拟的泊松计数过程，其中灰色实线表示事件发生，计数过程加一。由于 $\lambda_1>\lambda_2$，且两者差距较大，因此符合之前所说的第二种情况。图 5.3 中下图是对应计算得到统计量过程和最优停止边界，为了将结果展示得更清楚，将统计量 ϕ_t 和最优边界 Γ^* 都取了对数。在当前参数设置下，最优停止边界的对数 $\log\Gamma^*=1.191$。从中可以发现，ϕ_t 在初期是随时间逐步增加的，这正如情况二中所描述的，在 $(0,\lambda/c)$ 的区间上，ϕ_t 会单调递增，而超过了 λ/c 之后，由于假设时间发生的频率会升高，所以当没有事件发生时，过程 ϕ_t 随时间的增加而减少。而当事件发生时，过程 ϕ_t 会有明显的向上跳跃。当过程 ϕ_t 首次达到最优边界 Γ^* 时，便可以认为频率发生

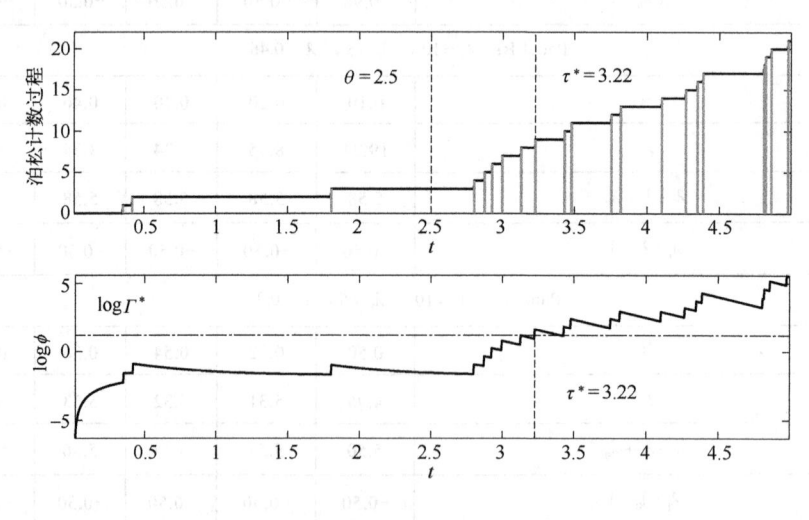

图 5.3　泊松计数过程和最优停时：参数 λ 升高

了改变，这里到达的时间 $\tau^* = 3.22$。与频率发生改变的真实时刻 $\theta = 2.5$ 相比，滞后了 0.72，占整个过程的 14%。但可以注意到，在判断出频率发生改变后，事件发生的频率的确高于之前的时间，说明没有出现判断错误的情况。

接着，本章模拟了与上述相反的情况，泊松计数过程的初始参数 $\lambda_0 = 6$，到 $\theta = 2.5$ 之后，下降到 $\lambda_1 = 3$，其他参数均保持不变。这种情况下，符合上述的第三种情形，即事件发生的频率下降。图5.4同样展示了统计量 ϕ_t 的对数变化过程和最优边界的对数值。由于假设时间发生的频率会下降，因此 ϕ_t 会随时间增加，相反当事件发生时则会有明显的向下跳跃。与频率上升的情况相同，当过程 ϕ_t 首次达到最优停止边界时，就可以认为频率发生了改变。在这次的模拟中，达到边界的时间为 $\tau^* = 2.61$，与频率发生变化的真实时间十分接近。同时，在此之后，事件发生的频率也的确有所下降。

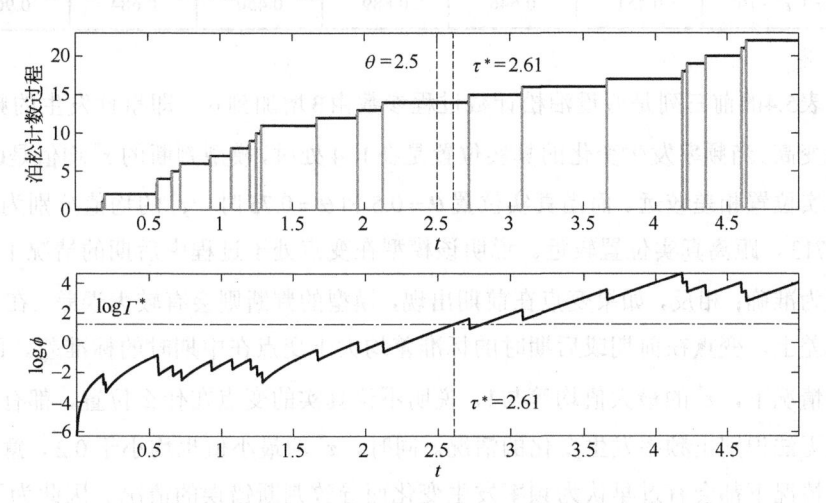

图 5.4 泊松计数过程和最优停时：参数 λ 下降

需要注意的是，上述的判断并不是在知道了 T 上完整的泊松计数过程后再进行的判断，而是从时刻 0 开始，随着泊松计数过程发展来实时进行判断，所以推测在时刻 τ^* 时，泊松计数过程的参数发生改变，也是依据 $[0, \tau^*]$ 上的过程信息做出的判断。

为了进一步分析随机无序模型推断变点 τ^* 的性质，本章分别假设频率在全过程的1/4、1/2和3/4的位置发生改变，比较估计出来的变点位置 τ^* 的性质。本章将每种情况模拟了200遍之后，计算了 τ^* 的均值方差等统计量，结果见表5.4。

表 5.4　最优停时 τ^* 的统计性质

	$\lambda_0=3,\lambda_1=6$			$\lambda_0=6,\lambda_1=3$		
	$\theta=0.25$	$\theta=0.5$	$\theta=0.75$	$\theta=0.25$	$\theta=0.5$	$\theta=0.75$
$E(\tau^*)$	0.440	0.590	0.713	0.443	0.601	0.671
$\text{Std}(\tau^*)$	0.166	0.164	0.249	0.127	0.182	0.232
$\max(\tau^*)$	1.000	1.000	1.000	0.921	1.000	1.000
$\min(\tau^*)$	0.128	0.188	0.152	0.201	0.210	0.221
$P(\tau^*<\theta)$	0.040	0.190	0.400	0.030	0.250	0.570
$E(\tau^*\mid\tau^*<\theta)$	0.174	0.351	0.450	0.214	0.353	0.497
$P(\tau^*>\theta)$	0.960	0.810	0.600	0.970	0.750	0.430
$E(\tau^*\mid\tau^*>\theta)$	0.451	0.646	0.889	0.450	0.684	0.901

表5.4的前三列是假设泊松计数过程参数由3增加到6，即事件发生的频率由低变高。当频率发生变化的真实位置是在1/4处时，模型判断的 τ^* 均值是0.44，与真实位置相差较远。而当真实位置 $\theta=0.5$ 和 $\theta=0.75$ 时，τ^* 的均值分别为0.59和0.713，距离真实位置较近。说明该模型在变点处于过程中后期的情况下，判断较为准确；相反，如果变点在前期出现，模型的判断则会有较大误差。在 τ^* 的标准差上，变点在前期或后期时的标准差均大于变点在中期时的标准差。而在三种情况下，τ^* 的最大值均等与1，说明不论真实的变点在什么位置，都有可能出现无法识别出频率发生变化的情况。同时，τ^* 的最小值也均小于0.2，意味着三种情况下都会有过早认为频率发生变化而导致判断错误的情况。因此为了进一步研究判断的错误率和滞后时长，本章分别统计了 τ^* 小于真实值 θ 和大于真实值 θ 的概率，以及相应的期望值。可以发现，当 $\theta=0.25$ 时，判断 τ^* 小于 θ 的概率仅为0.04，即判断错误的概率为4%，同时提前认为频率发生改变的位置的均值等于0.174，与0.25的差距较小。而在滞后时长上，$\tau^*>\theta$ 的情况下 τ^* 的均值为0.451，则还是与真实的 θ 差距较大。随着真实变点 θ 的位置往后移动，判断犯错的概率也随之增加，当 $\theta=0.5$ 时，犯错的概率为19%，提前判断频率发生变化的平均位置是在0.35；而当 $\theta=0.75$ 时，犯错的概率升高到40%，相应的位置的平均值为0.45。这说明，如果真实变点出现在中后期，那么判断错误的概率

会更高，而且判断的错误位置也与真实位置差距较大。但相反，在滞后性上，变点出现在后期的情况下，滞后时长会更短。当 $\theta = 0.5$ 或 0.75 时，平均的滞后时长 $E(\tau^* | \tau^* > \theta) - \theta$ 分别为 0.146 和 0.139，均小于 $\theta = 0.25$ 的情况。

表5.4后三列是假设泊松计数过程参数由6降低到3，事件发生的频率由高变低。得到的 τ^* 在不同 θ 取值下的性质，与频率升高的情形类似。在 τ^* 的均值上，当 $\theta = 0.25$ 和 0.5 时，τ^* 的均值均滞后于 θ，但是当 $\theta = 0.75$ 时，τ^* 的均值为 0.671，早于 0.75。这说明，如果频率变点发生在后期，且频率变化是下降的，那么模型得到的变点估计值 τ^* 是倾向于早于真实值 θ 的。而在 τ^* 的标准差上，随变点发生时间的推迟，标准差逐渐增大，与频率升高时的特征一致。但是当真实变点处于前期和后期时，标准差比频率升高情形下的更低，而当变点处于中期时，标准差则比频率升高时的更大。当事件频率从高变低时，模型也均会出现无法判断频率发生变化的情况，而且 τ^* 的最小值也均高于频率上升时的情形。在犯错概率上，当 $\theta = 0.75$ 时，模型的犯错概率达到了 57%，比频率升高的情况更大，并且超过了 50%。但是，也应注意到，虽然犯错概率较高，但是得到的错误估计 τ^* 的均值为 0.497，比频率上升时的 0.45 更高，更接近真实值。总体而言，频率下降时，模型的犯错率会更高，但是估计值会更接近真实值。而在滞后上，模型在频率升高时的表现，差于频率降低时的表现。当真实的变点 θ 发生在中后期时，τ^* 的均值都会高于频率升高时的大小，而当 $\theta = 0.25$ 时，τ^* 均值的取值较为接近。

根据前述的模拟结果，可以总结出该模型在频率由低变高的情况中表现更好，犯错概率较低并且滞后时长更短。同时，当真实变点处于过程的中后期时，模型的判断会更准确，相反，当变点处于前期时，模型的误差相对更大。

5.5 实证研究

5.5.1 实证思路

本章的实证研究是分析中国股票市场上极端风险事件发生的频率变化以及

相应的风险度量,所以本章将股票市场大幅下跌作为极端风险事件,并计算相应的风险度量。具体的实证思路是,首先将一段股票市场的历史日度数据作为样本内数据,运用超阈值理论,估计出股票市场大幅下跌的极值分布情况,及相应的样本内的发生频率,根据复合极值理论计算样本内的历史在险价值。然后以样本内区间的最后一天作为样本外数据的起点,在每天收盘时,比较当日涨跌幅和下跌阈值的大小,判断当日是否出现了极端风险事件。之后计算当天的统计量 ϕ_t,并和最优停止边界进行比较,如果统计量 ϕ_t 超过了最优停止边界,那么可以认为极端风险事件出现的频率有所改变。

由于模型中需要知道原先事件发生频率的参数 λ_0,同时也需要假设频率改变后的取值 λ_1,因此本章将样本内数据估计得到极端风险事件发生频率的参数作为 λ_0。而由于不知道未来事件发生的频率是升高还是降低,便假设两种情况,$\lambda_1 = 2\lambda_0$ 以及 $\lambda_1 = 0.5\lambda_0$,分别表示频率的升高或降低。值得注意的是,虽然变化后的频率参数假设为原来频率参数的2倍或1/2,但也可以有不同的取值,只需要分别表示频率上升和频率下降即可。因为根据前文所述的敏感性分析,不同 λ_1 的取值一方面会改变最优停止边界的高低,另一方面也会影响统计量 ϕ_t 的变化速率,综合起来对最优停时 τ^* 的影响有限。所以,只要极端风险事件出现的频率真的提高或下降,那么 λ_1 的取值并不会显著影响最后判断的结果。

5.5.2 极端风险事件发生频率变化的样本检验

按照前述的实证思路,本章以中国上海证券交易所综合指数来代表中国股票市场,本章的全样本区间为 2000 年 1 月 4 日到 2021 年 3 月 31 日。在运用 POT 模型前,首先需要选择合适的阈值。传统的阈值选择方法有 Hill 图或者 EM 超阈值均值图,这两个方法均是通过画图,人工判断出曲线的稳定区域来决定阈值大小,存在一定的主观性。本章则采用苟红军等(2015)提到的峰度法,利用正态分布和偏态分布的交叉点来确定合适的阈值。具体的计算方法如下:首先计算样本数据的均值和峰度,若峰度大于 3,则剔除掉样本中距离算术平均值最远的数据,重新计算峰度大小,直至峰度小于等于 3 为止,那么在剩下的样本数据中，绝对值最大的数值便作为样本的阈值。该方法能够有效避免主观选择的偏差，同时也可以避免样本数据结构特征所导致的影响。

表5.5展示了全样本的上证综指收益率的描述性统计，可以发现收益率的峰度达到8.03，说明收益率分布存在显著的"尖峰厚尾"的特征。由于本章研究的风险是股票市场的大幅下跌，因此只考虑收益率小于0的样本数据，运用峰度法可以得出在全样本上超阈值模型的阈值为–2.80%。以单日下跌幅度超过2.80%表示股票市场的极端风险事件，图5.5展示了全样本上极端风险的分布情况。

表 5.5　上证综指收益率描述性统计

	均值/%	方差	中位数/%	最大值/%	最小值/%	峰度	偏度
全样本	0.02	0.015	0.06	9.40	–9.26	8.03	–0.37
2010-01-01—2011-06-30	–0.04	0.013	0.07	3.42	–5.29	4.68	–0.63
2013-01-01—2014-08-01	–0.01	0.011	0.01	3.33	–5.44	5.45	–0.32

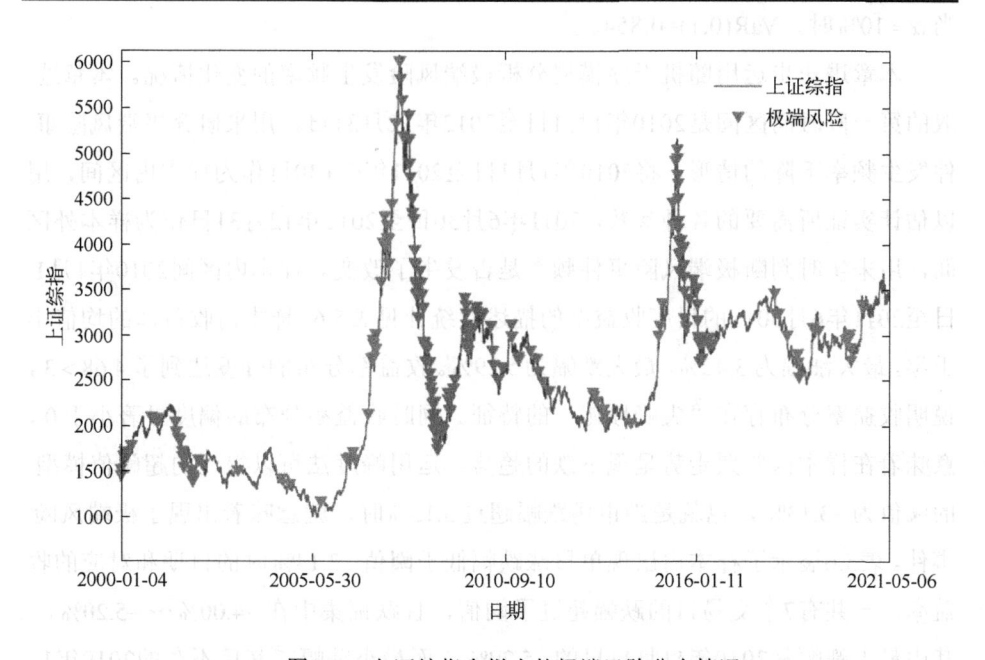

图 5.5　上证综指全样本的极端风险分布情况

从图5.5中可以发现，极端风险并不是均匀分布在全样本区间上，而是呈现出局部聚集和局部稀疏的特征，这说明极端风险事件发生的概率在时间跨度上并不是一成不变，而是具有时变特征的。由于需要估计股市下跌的极端行为，所以将收益率取负，那么下跌时的收益率大于零，上涨时的收益率小于零，然后取阈值的绝对值，那么样本数据特征就符合标准的超阈值理论模型。假设极端风险事件发生的服从参数为 λ_0 的泊松分布，事件发生的时间序列满足泊松过程。那么极端事件之间的时间间隔应满足参数为 λ_0 的指数分布即

$$S(x) = \lambda e^{-\lambda x} \tag{5.31}$$

可以估计出泊松分布参数 $\lambda = 9.739$。运用极大似然法，可以估计出复合极值模型的参数，其中形状参数 $\xi = -0.018$，尺度参数 $\sigma = 0.016$。设 α 表示收益率下跌幅度超过阈值绝对值 $|u|$ 的概率，那么在险价值便为

$$\text{VaR}(\alpha) = |u| + \frac{\sigma}{\xi}\left[\left(-\frac{\ln(1-\alpha)}{\lambda_0}\right)^{-\xi} - 1\right] \tag{5.32}$$

相应地可以计算出全样本上的在险价值，当 $\alpha = 5\%$ 时，$\text{VaR}(0.05) = 0.956$。当 $\alpha = 10\%$ 时，$\text{VaR}(0.1) = 0.854$。

本章进一步运用随机无序模型分析极端风险发生频率的变化情况。本章选取的第一段时间区间是2010年1月1日至2012年12月31日，用来研究极端风险事件发生频率下降的情形。将2010年1月1日至2011年6月30日作为样本内区间，用以估计实证所需要的各种参数，2011年6月30日至2012年12月31日作为样本外区间，用来实时判断极端风险事件频率是否发生了改变。样本内区间2010年1月1日至2011年6月30日的日度收益率的描述性统计见表5.6。样本内收益率的均值小于零，最大涨幅为3.42%，最大跌幅为5.29%。收益率分布的峰度达到了4.68>3，说明收益率分布存在"尖峰厚尾"的特征。同时收益率分布的偏度显著小于0，意味着在样本内股票走势呈现下跌的趋势。运用峰度法可以得到的超阈值模型的阈值为 −3.13%，也就是当市场跌幅超过3.13%时，就意味着出现了极端风险事件。表5.6展示了样本内出现单日涨跌幅低于阈值 −3.13%时的日期和对应的收益率。一共有7个交易日的跌幅超过了阈值，且跌幅集中在 −4.00%～−5.20%，其中最大跌幅是2010年11月11日的 −5.29%，而最小跌幅在其后不久的2010年1月12日，为 −3.14%。

根据表5.6的数据，可以估计出极端风险事件出现的频率。那么估计的泊松分布样本内参数 λ_0 为8.41。运用极大似然法估计出形状参数 $\xi = -0.52$，尺度参

数 $\sigma = 0.022$。所以，当 $\alpha = 5\%$，在险价值 VaR (0.05) = 7.15%，当 $\alpha = 10\%$ 时，在险价值 VaR (0.1) = 7.01%。这说明，样本内的股票市场有5%的概率会出现最大下跌幅度超过7.15%的极端风险事件，有10%的概率会出现最大下跌幅度超过7.01%的极端风险事件。

表 5.6　2010 年 1 月 1 日至 2011 年 6 月 30 日超阈值跌幅统计

日期	2010-01-12	2010-04-16	2010-05-05	2010-05-14	2010-06-28	2010-11-11	2010-11-15
跌幅/%	-3.14	-4.91	-4.20	-5.20	-4.36	-5.29	-4.06

对于样本外，本章便可以用已经估计好的参数带入到随机无序模型中，求解出最优停止边界。这里，本章假设滞后项惩罚系数为0.1，先验概率参数 $\lambda = 3$。由于不知道将来极端事件发生的频率是增加还是降低，因此假设频率参数变化的两个方向：$\lambda_1 = 2, \lambda_0 = 16.82$ 和 $\lambda_1 = 0.5, \lambda_0 = 4.20$，分别符合情况二和情况三的条件，于是得到对应的两个最优停止边界，分别为48.13和42.66。同样，在 $\lambda_1 = 2\lambda_0$ 和 $\lambda_1 = 0.5\lambda_0$ 两种情况下，也可以逐日计算出相应的统计量过程 ϕ_t，判断哪一种情况率先达到对应的最优停止边界，便可以判断在样本外极端事件发生的频率是增加还是减少了。实证的结果如图5.6所示。

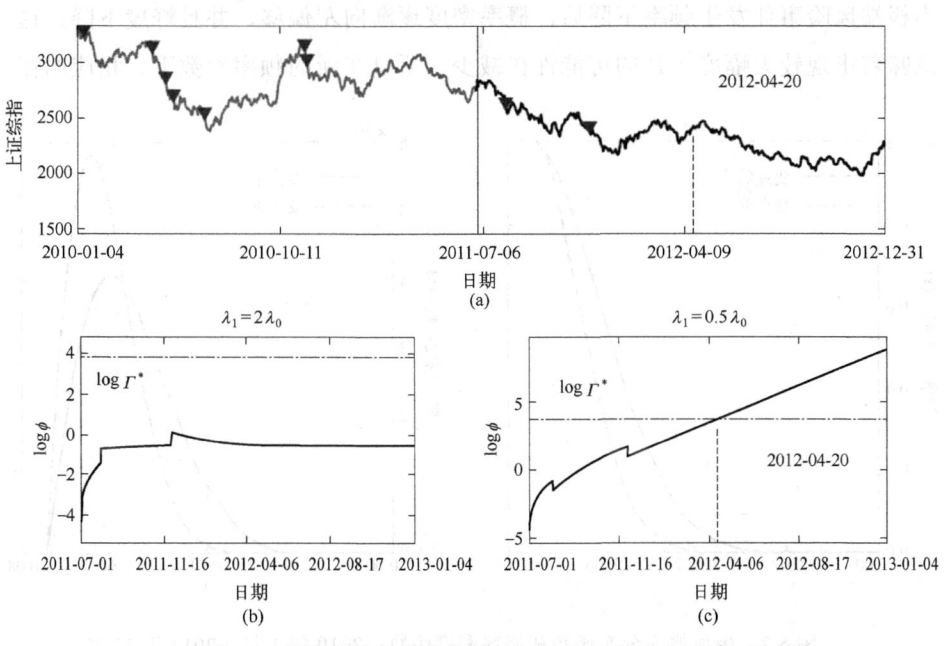

图 5.6　极端风险和最优停时：2011 年 7 月—2012 年 12 月

图5.6（a）是上证综指2010年1月至2011年6月的走势图，中间黑线左侧是样本内数据，右侧是样本外数据，当日跌幅超过3.13%的日期利用倒三角表明。图5.6（b）、图5.6（c）均是统计量过程及其对应的最优停止边界，图5.6（b）是假设 $\lambda_1 = 2\lambda_0$ 的情况，表示极端风险事件发生的频率可能会升高。相反图5.6（c）是假设 $\lambda_1 = 0.5\lambda_0$ 的情形，对应极端风险事件出现的频率将降低。需要注意的是，统计量过程均在样本外区间。对照图5.6上证综指的走势可以发现，如果当日跌幅没有超过阈值3.13%，$\lambda_1 = 2\lambda_0$ 情况下的统计量 ϕ_t 将随之下降。相反，在 $\lambda_1 = 0.5\lambda_0$ 情况下，ϕ_t 则会上升。同理，如果跌幅超过阈值3.13%，$\lambda_1 = 2\lambda_0$ 时的统计量会向上跳跃，而 $\lambda_1 = 0.5\lambda_0$ 时的统计量会向下跳跃。实证的结果与模拟结果完全一致。

在得到了样本外区间的统计量 ϕ_t 过程后，便能够判断极端风险事件发生的频率是否发生改变，以及改变的方向。在2011年6月至2012年4月的区间上，$\lambda_1 = 2\lambda_0$ 时的统计量始终都没有达到最优停止边界，相反 $\lambda_1 = 0.5\lambda_0$ 时的统计量于2012年4月20日首次触及边界。这表明在2012年4月20日判断极端风险事件发生的频率参数已经发生改变，并且新的参数小于旧的参数。

图5.7展示了变点前后极值概率密度函数和概率分布函数的变化，可以发现当极端风险事件发生频率下降后，概率密度逐渐向左偏移，并且峰度下降，这意味着出现较大幅度下跌的可能性在减少。所以在新的频率参数下，相应的在

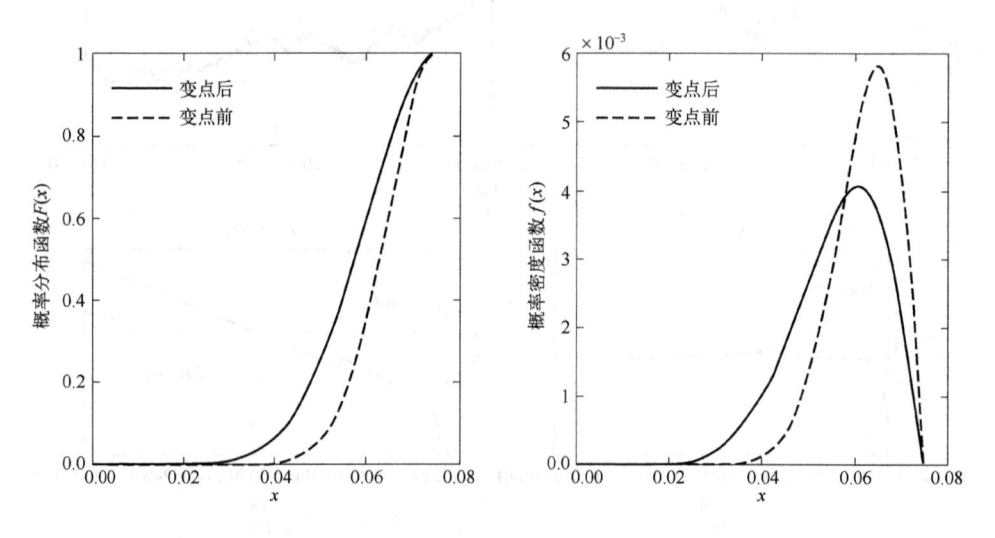

图 5.7 极值概率分布函数和概率密度函数：2010 年 1 月—2012 年 12 月

险价值下降到 VaR (0.05) = 7.01% 和 VaR (0.1) = 6.82%。与样本内的情况相比，95%置信区间的在险价值有较明显的下降。这样识别出市场内部环境极端风险的结构变化，有助于投资者更好地进行风险管理。那么基于检测出的变点2012年4月20日及之后一年的上证综指日收益数据，可以重新估计复合极值模型，从而得到新的估计参数为 $\tilde{\lambda} = 6.14$，$\tilde{\xi} = -0.54$，$\tilde{\sigma} = 0.016$。结果表明参数 $\tilde{\lambda}$ 与样本内的数据相比有明显下降，但是形状参数 $\tilde{\xi}$ 和尺度参数 $\tilde{\sigma}$ 的变化并不明显，这说明市场上极端风险的变化主要来自发生频率的改变。按照新估计出来的样本参数计算在险价值 $\tilde{\text{VaR}}(0.1) = 4.87\%$ 和 $\tilde{\text{VaR}}(0.05) = 4.98\%$，与变点之前相比有了明显的下降。

上证综指的后续走势也可以印证相应的结论，自从2008年全球金融危机以来，全球经济都遭受重创，中国股票市场也从5700点左右下跌到2700点。而在2010年之后，全球经济复苏，中国经济也从金融危机的冲击中恢复过来，财政政策不断提振经济增长，于是股票市场的下跌趋势逐步放缓，呈现出触底的特征。相应的极端风险事件发生的频率也因此随之下降。2012年12月，中国股票市场的下跌趋势结束，开始横盘整理，之后2014年股票市场开始迅速上涨，也从侧面印证了极端风险事件发生频率的改变和市场内部风险偏好的变化。

上一段样本的极端风险事件发生频率是由高变低，本章实证的第二段区间是从2013年1月1日至2015年8月31日，包含了2015年中国股票市场股灾。本章将进一步分析当股票市场出现大幅崩盘时模型的表现。将2013年1月1日至2014年8月1日作为样本内数据，来估计模型的参数。2014年8月1日至2015年8月31日为样本外数据，分析极端风险事件出现的频率是否发生改变。

表5.7是样本内区间日收益率的描述性统计。同样，可以发现样本内收益率均值接近0，最大涨幅达到3.33%而最大跌幅是5.44%。其中峰度为5.45超过正态分布的峰度3，并且比第一段区间的峰度更大，说明在该样本区间内收益率存在"尖峰厚尾"的特征且厚尾的行为更加明显。同时偏度小于0，分布左偏，说明在样本内收益率更偏向负值，股票走势倾向于下跌。

与第一段区间的分析过程相同，首先通过样本内的日度收益率数据计算得到阈值大小为2.15%，然后根据所得到的阈值，判断样本内发生极端风险事件的日期和对应的下跌幅度，结果如表5.7所示，一共出现了9次跌幅超过阈值的情形。

表 5.7　2013 年 1 月 1 日至 2014 年 8 月 1 日的超阈值跌幅统计

日期	2013-02-21	2013-03-04	2013-03-28
跌幅/%	-3.02	-3.72	-2.86
日期	2013-04-23	2013-06-13	2013-06-20
跌幅/%	-2.60	-2.87	-2.81
日期	2013-06-24	2013-07-08	2014-03-10
跌幅/%	-5.44	-2.47	-2.90

可以发现大部分超阈值的跌幅集中在-2.8%～-3.0%，只有在2013年6月24日，上证综指的跌幅达到了5.44%。根据上述大幅下跌发生的时间，计算样本内极端风险事件的发生频率参数 $\lambda_0 = 8.04$。然后根据样本内超阈值的数据，估计收益率尾部的广义帕累托分布参数，结果分别为形态参数 $\xi = -0.19$，尺度参数 $\sigma = 0.012$。进而可以计算出这段区间样本内的在险价值为 VaR (0.05) = 6.18%，VaR (0.1) = 5.81%。与第一段区间相比，在险价值更大，说明样本内收益率数据的尾部更厚，这与描述性统计得到的结果相一致，有5%的概率下跌幅度超过6.18%，以及有10%的概率下跌幅度超过5.81%。

本章同样假设滞后项的惩罚系数为 $c = 0.1$，先验概率分布的参数 $\lambda = 3$。由于不能预先知道样本外2015年股灾的发生，所以对于极端风险事件出现频率的变化，本章同样假设了两种情况。频率上升为 $\lambda_1 = 2\lambda_0 = 16.07$，频率下降为 $\lambda_1 = 0.5\lambda_0 = 4.02$。依据上述参数设定，可以得到上升时的最优停止边界46.97以及频率下降时的最优停止边界42.36。根据样本外的每日涨跌幅，计算每日的统计量，得到统计量过程 ϕ_t，以判断是否超过阈值。

图5.8展示了上证综指在2013年1月1日至2015年8月31日的走势以及样本外2014年8月1日至2015年8月31日的统计量过程及对应的最优停止边界。从图中可以发现，在样本内区间，极端风险事件发生的频率较低，两个风险事件之间存在较大的间隔。

而从2014年8月1日起的样本外走势，在前期也较为平缓，保持了和样本内一致的特征。相应的 $\lambda_1 = 2\lambda_0$ 的统计量，几乎保持不变；相反，$\lambda_1 = 0.5\lambda_0$ 的统计量则有显著提高。到了2014年年底与2015年年初，频繁出现了多次股票大幅下跌的情况，在这段时间极端风险事件发生的次数迅速升高，反应到统计量上则

表现为 $\lambda_1 = 2\lambda_0$ 的统计量出现多次向上跳跃，趋近最优停止边界，而 $\lambda_1 = 0.5\lambda_0$ 的统计量则接连向下跳跃。说明极端风险事件发生频率升高的后验概率增加而频率降低的后验概率减小，但是 $\lambda_1 = 2\lambda_0$ 的统计量仍没有达到最优停止边界，说明还不能够判断极端风险事件发生概率已经改变。在此之后，上证综指开始进入上升趋势，没有发生风险事件，两个统计量也分别对应升降。而直到2015年6月15日出现的大幅下跌，使得 $\lambda_1 = 2\lambda_0$ 的统计量向上跳跃，触及到最优停止边界，意味着极端风险事件发生的概率已经升高。相反，$\lambda_1 = 0.5\lambda_0$ 明显下降，从侧面也印证了频率降低的后验概率已经明显减少。在2015年6月15日之后，股灾爆发，上证综指开始崩盘，接连出现大幅下跌，$\lambda_1 = 2\lambda_0$ 的统计量大幅升高，$\lambda_1 = 0.5\lambda_0$ 的统计量则下降到初始位置。之后上证综指的走势从侧面映证了股票市场内部环境已经发生改变，不同于样本内的波动平缓，而是更倾向于与剧烈波动和大幅下跌。投资者能够通过模型及时判断出市场环境结构发生变化，更好地控制损失，应对风险。图5.9展示了频率变点前后极值概率分布的变化情况，随着极端风险事件出现频率的升高，分布函数逐渐又偏且峰度增加，意味着出现大幅下跌的可能性也在上升。那么对应在险价值也升高到 VaR(0.1) = 7.10% 和 VaR(0.05) = 7.50%。

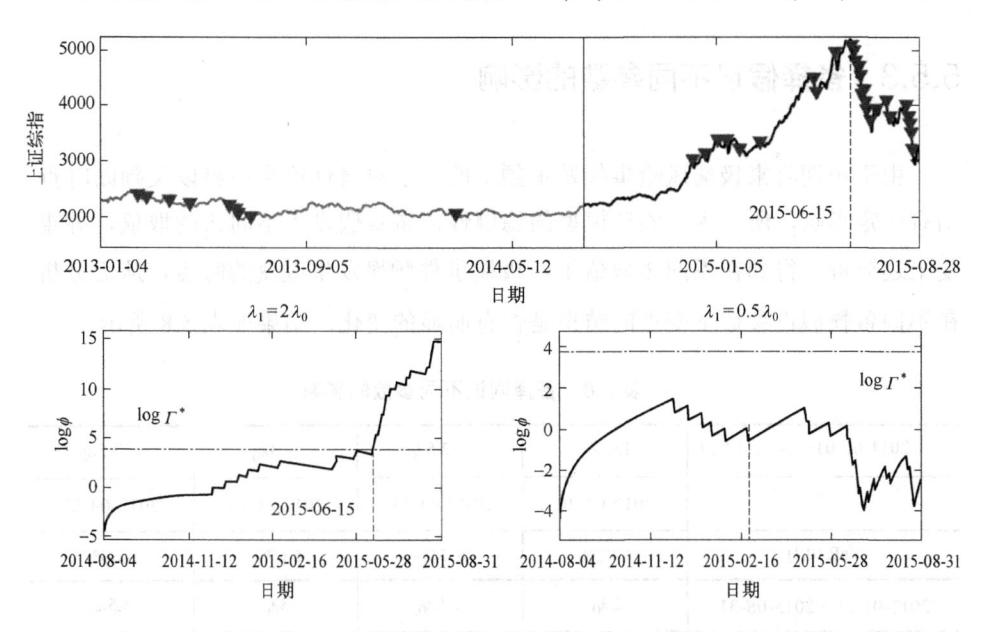

图 5.8 极端风险和最优停时：2013 年 1 月—2015 年 8 月

同样，基于识别出来的变点2015年6月15日及之后一年的数据重新估计复合极值分布的参数,可以得到 $\tilde{\lambda}=23.81$,$\tilde{\xi}=-0.57$,$\tilde{\sigma}=0.053$,参数 $\tilde{\lambda}$ 有了明显的增加,同时尺度参数 $\tilde{\sigma}$ 也有所提升。在新估计的参数下,在险价值也提高到 $\widetilde{\text{VaR}}(0.1)=13.10\%$ 和 $\widetilde{\text{VaR}}(0.05)=13.24\%$。

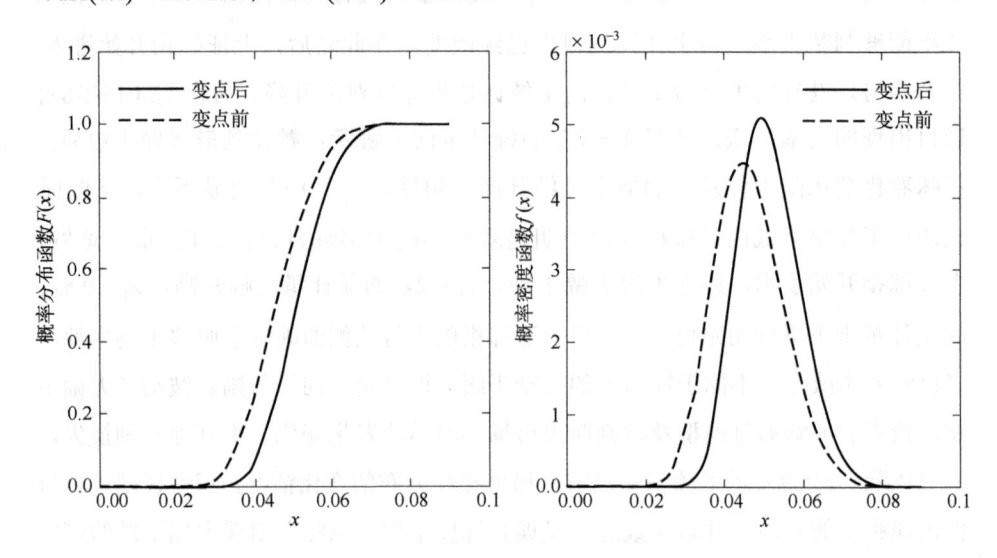

图 5.9 极值概率分布函数和概率密度函数:2013 年 1 月—2015 年 8 月

5.5.3 备择假设不同参数的影响

由于预期将来极端风险事件发生频率的大小对最优停止边界以及判断时点均有一定影响,所以为了验证模型的稳健性,本章假设了不同 λ_1 的取值,并重复上述分析,得到在不同 λ_1 取值下,极端事件频率发生改变的时点,从而分析在不同备择假设参数下变点的结果是否有明显的变化。结果如表 5.8 所示。

表 5.8 备择假设不同参数的影响

2011-07-01—2012-12-31	$1/2\lambda_0$	$1/2.5\lambda_0$	$1/3\lambda_0$	$1/3.5\lambda_0$
τ^*	2012-04-20	2012-04-23	2012-04-25	2012-04-27
VaR (0.1)	6.82%	6.74%	6.67%	6.60%
2013-01-01—2015-08-31	$2\lambda_0$	$2.5\lambda_0$	$3\lambda_0$	$3.5\lambda_0$
τ^*	2015-06-15	2015-06-17	2015-06-18	2015-06-18
VaR (0.1)	7.10%	7.17%	7.22%	7.26%

从表5.8中可见，不同λ_1取值，对变点日期的判断存在一定影响，但并不显著。在一段区间上，随着λ_1的减小，判断的变点日期往后推迟，由$1/2\lambda_0$时的2012年4月20日推迟到$1/3.5\lambda_0$的2012年4月27日，共推迟了7天，从整个样本外共两年的时间跨度看，推迟的时长并不明显。而且判断的极端事件发生频率降低的日期，也均在上证综指走势平缓，未出现大幅下跌的期间。在第二段区间上，也得到了相近的结果。从$\lambda_1=2\lambda_0$的2015年的6月15日推迟到$\lambda_1=3.5\lambda_0$的2015年的6月18日，λ_1的取值对估计的变点日期影响更小，仅推迟了3天。这主要是因为股票市场前后的市场环境差别巨大，在变点前市场平缓或者处于上涨趋势，很少出现大幅下跌的情况，而之后出现股灾，股市崩盘，大幅接二连三下跌，所以尽管假设λ_1的取值不同，但是在对比鲜明的市场变化下，能够识别出相近的变点。在险价值上，当$\lambda_1>\lambda_0$时，λ_1取值对在险价值的影响更加明显，由VaR (0.1) = 7.10%上升到 VaR (0.1) = 7.26%。相反，在$\lambda_1<\lambda_0$的情况下，在险价值受到的影响较小。仅从 VaR (0.1) = 6.81%下降到 VaR (0.1) = 6.60%。但是在变化趋势上是一致的，随着极端风险事件出现的频率上升，在险价值随之升高说明了市场的极端风险在加剧，投资者应该做好风险防控的准备。相反，极端风险事件出现频率下降，在险价值也随之减少，意味着市场的风险在逐渐减弱。

通过该检验，可以发现变化后参数的取值的不同假设，对判断变点日期和在险价值都有一定影响。但是在变点日期上，如果市场极端风险发生频率变化前后的差异十分明显，那么变化后参数取值的假设对结果的影响十分有限，不同取值假设下均能够得到相近且准确的变点估计值。而在险价值虽然因参数取值假设的不同存在较大差异，但是均能够一致反映出市场风险的变化。所以，本章的模型不论是极端事件频率升高亦或降低，均能较为准确地识别出变点，并且在不同参数假设下，有较为稳健的表现。

5.6 小结

极端风险的大小分布和发生频率均是风险管理需要考虑的因素。本章在极值理论的基础上，考虑了极端风险发生频率的影响，构建了复合极值理论。并且用泊松过程对极端风险发生的次数进行建模,能够运用随机无序模型分析风险事件发生频率的变化。数值模拟分析的结果显示,如果预期频率变化前后的差异较大,那么判断变点的难度就较高。如果投资者的时间成本较大,那么他会倾向于尽早做出判断。变点发生的位置也对随机无序模型的表现有一定影响,当变点发生在样本中间时,随机无序模型的表现会更好。本章的实证研究基于两段样本区间,分别代表了频率上升和频率下降两种情况,随机无序模型均能够准确地识别出变点。比较频率变化前后的极值概率分布可以发现,当频率升高后,极值概率分布的峰度会增加且会右偏,使得极端风险带来的损失更大,在险价值更高。对于政府监管部门,可以关注极端风险事件发生概率的变化,以及时把握市场状态的变化,预防系统性金融风险。

5.7 附录

5.7.1 定理 5.3.1 证明

定义随机过程过程 L_t 为

$$L_t = \left(\frac{\lambda_1}{\lambda_0}\right)^{X_t} e^{-(\lambda_1-\lambda_0)t} \tag{5.33}$$

L_t 满足的随机微分方程为

$$dL_t = L_{t-}[(\lambda_1/\lambda_0)-1]dX_t - L_{t-}(\lambda_1-\lambda_0)dt \tag{5.34}$$

由于 X_t 是跳跃过程,所以如果过程在 t 时刻跳跃, t^- 表示跳跃前的时刻。通过计算可以得到,当 $t \leqslant \theta$ 时, $Z_t = 1$,而当 $t > \theta$ 时, $Z_t = L_t/L_\theta$ 。

因此过程 ϕ_t 能够表示成

$$\phi_t = \frac{e^{\lambda t}}{1-\pi} E_0[Z_t I_{\theta \leqslant t} | \mathcal{F}_t] = \frac{e^{\lambda t}}{1-\pi}\left[\pi L_t + (1-\pi)\int_0^t \lambda \frac{L_t}{L_s} e^{-\lambda s} ds\right] \tag{5.35}$$

不妨假设 $\phi_t = U_t + V_t$，其中

$$U_t = \frac{e^{\lambda t}}{1-\pi}\pi L_t \tag{5.36}$$

$$V_t = e^{\lambda t}\int_0^t \lambda \frac{L_t}{L_s}e^{-\lambda s}\mathrm{d}s \tag{5.37}$$

分别计算 U_t 和 V_t 的全微分，

$$\begin{aligned}\mathrm{d}U_t &= (\lambda-\lambda_1+\lambda_0)U_t\mathrm{d}t+\left[\frac{\lambda_1}{\lambda_0}-1\right]U_{t^-}\mathrm{d}X_t \\ \mathrm{d}V_t &= \lambda\mathrm{d}t+(\lambda-\lambda_1+\lambda_0)V_t\mathrm{d}t+\left[\frac{\lambda_1}{\lambda_0}-1\right]V_{t^-}\mathrm{d}X_t\end{aligned} \tag{5.38}$$

因此，过程 ϕ_t 满足的随机微分方程为

$$\mathrm{d}\phi_t = (\lambda+(\lambda-\lambda_1+\lambda_0)\phi_t)\mathrm{d}t+(\lambda_1/\lambda_0-1)\phi_{t^-}\mathrm{d}X_t \tag{5.39}$$

从那么的无穷小生成元满足下式

$$\mathcal{A}f(\phi) = [\lambda+(\lambda-\lambda_1+\lambda_0)\phi]f'(\phi)+f(\lambda_1/\lambda_0\phi)-f(\phi) \tag{5.40}$$

5.7.2 定理 5.3.2 证明

根据链式法则和过程 ϕ_t 的马尔科夫性，可以得到

$$e^{-\lambda \tau}f(\phi_\tau) = f(\phi_0)+\int_0^\tau e^{-\lambda s}(\mathcal{A}-\lambda)f(\phi_s)\mathrm{d}s+\int_0^\tau e^{-\lambda s}[f(r\phi_{s^-})-f(\phi_{s^-})](\mathrm{d}X_s-\lambda_0\mathrm{d}s)$$

$$\tag{5.41}$$

注意到

$$\begin{aligned}(\mathcal{A}-\lambda)f(\phi_s) &= [\lambda+(\lambda-\lambda_1+\lambda_0)\phi]f'(\phi)-\lambda_0 f(\phi)+\lambda_0 f(\lambda_1/\lambda_0\phi)-\lambda f(\lambda) \\ &= (\lambda+a\phi)f'(\phi)-bf(\phi)+\lambda_0 f(r\phi)\end{aligned} \tag{5.42}$$

优化目标是

$$\inf_{\tau\in T}(1-\pi)+(1-\pi)E_0\int_0^\tau e^{-\lambda t}(c\phi_t-\lambda)\mathrm{d}t_0 \tag{5.43}$$

所以，可以等价于

$$\inf_{\tau \in T} E_0 \int_0^\tau e^{-\lambda t}(\phi_t - \lambda/c)dt_0 \tag{5.44}$$

那么如果函数 $f(x)$ 满足自由边界的微分方程组（5.26），并且在定义域上是非正函数，那么就有

$$f(\phi_0) = E_0[e^{-\lambda \tau} f(\phi_\tau)] - E_0 \int_0^\tau (\mathcal{A}-\lambda)f(\phi_s)ds \leqslant E_0 \int_0^\tau e^{-\lambda s}(\phi_s - \lambda/c)ds \tag{5.45}$$

当 $\phi_\tau = \Gamma^*$ 时，上述不等式取等号，目标函数达到最小值，所以对应的最优停时如下。

$$\tau^* = \inf\{t \geqslant | \phi_t \geqslant \Gamma^*\} \tag{5.46}$$

第 6 章 股价变动与公司投资决策

6.1 引言

股票市场不仅是经济的晴雨表,也能通过股价的变化影响公司的投资融资决策。股票市场最重要的功能之一便是信息的收集与传播。许多学者注意到股价除了反映公司公开的信息外,也会包含市场投资者的私人信息。因为投资者会依靠自己掌握的私人信息来买卖股票,影响股票价格的变动,由此股价中包含的这些私人信息会反过来影响到公司的决策。

哈耶克(Hayek,1945)最早研究了这一现象,并将此定义为股票市场对实体经济的反馈效应。法玛等(Fama et al.,1972)也认为,股票价格能够为企业管理者提供额外的信息,来帮助企业作出更合适的投资和融资决策。道等(Dow et al.,1997),以及苏布拉曼扬等(Subrahmanyam et al.,1999,2001)对投资者所掌握的私人信息进行了更细致的分析。他们认为投资者会在产品需求和企业竞品上拥有更丰富的信息。这类信息会通过投资者的偏好反应在股价变动上。罗元志(Luo,2005)也发现,当公司发布合并或收购的预案公告后,股价会出现波动,这反映了市场投资者对于预案的分析和判断。公司的管理者会关注股价的波动,从中得到外部市场对于公司预案的态度来作为重要的参考因素之一。

陈旗等（Chen et al., 2007）研究了市场投资者私人信息的代理变量，他发现经营内容相近的公司股价往往存在比较高的同步性，而当其中一家企业的股价不再同步时，就意味着市场上的投资者掌握了额外的私人信息，进而影响到了股票的价格。因此，他认为可以将股价的非同步性作为股价外部投资者信息含量的代理变量。通过实证发现，当公司股价的私人信息含量越高，公司执行的投资策略效果越好。

而股票市场另一个重要功能便是为公司提供融资渠道。不同于债权融资，公司需要偿付本息。通过股权融资，公司可以筹措大量的资金而不必面临更重的偿债压力。但股权融资会导致控股权稀释，公司控制权结构发生变化，影响公司的决策效率。股东也会要求更高的回报率，增加公司的资本成本。而股息也无法在税前扣除，导致公司承担更多的税负。因此，公司在考虑采用股权融资时，会更多参考公司股价以保证股权融资的效率较高而相应的成本较少。为此，斯坦（Stein, 1996）提出了"市场择时"这一概念，他发现公司通常会在市场情绪高涨的时候发行股票，情绪低落的时候回购股票。这是因为市场上存在大量的非理性投资者或情绪化投资者，这类投资者不具备应有的金融知识，容易盲目地跟从市场热点或自身情绪来进行决策。那么当情绪高涨时，非理性投资者对股票的追捧会使股价明显高估，而理性的公司管理者则可以采取股权融资以最大化企业价值。相反，当情绪低落时，股价会被低估。公司管理者便趁此机会低价回购股票。贝克等（Baker et al., 2002）将市值账面比作为公司股价高估或低估的代理变量，基于实证分析证明了公司决策存在市场择时的特征。博尔顿等（Bolton et al., 2013）发现，公司的投资决策也会考虑市场择时。当处于金融危机时期，公司会极力避免成本较高的外部融资，并且会缩减投资抛售资产。相反，当市场环境较好的时候，公司会发行股票融资并加大投资规模。

因此股票价格可以通过信息含量和融资成本对公司的投资决策产生影响，公司的管理者也会将公司股价作为一个重要参考依据。当公司采取股权融资时，从董事会作出预案，然后经股东大会决议通过，最后上报监管部门审批，这一过程需要花费一定时间，市场环境可能在此期间产生变化。所以公司管理者更需要寻找到公司股价的长期趋势，以弥补从决策到实施所带来的时间差。如果长期趋势是上涨的，那么管理者会认为市场上的外部投资者根据自己所掌握的信息和分析，对公司未来的经营较为乐观，同时市场环境也更景气，那么便会倾向于增发股票融资，扩大投资规模。相反，如果公司管理者发现股价的长期趋势是下跌的，就能判断出外部投资者较为悲观，市场景气度差，而减少投资。而当股价没有明显上升或下降趋势时，公司管理者会考虑延续以往的投资策略，不扩大或缩小投资规模。

但是正如凯尔（Kyle，1985）和布莱克（Black，1986）所发现的，大量的个人投资者缺少相应的金融知识和股票的投资经验，容易受到情绪的影响，从而给股价带来更大的波动，股价收益率的标准差往往是均值的10～20倍。这意味着公司管理者如果希望从股票价格中获取额外的信息来帮助自己做出最优的投资决策，就需要排除掉噪声的干扰，得到股价的长期趋势。

因此，本章假设公司管理者在公司股价走势上有不完全信息，不清楚公司股价真实的状态，只知道股票价格的趋势存在三种可能：上涨、下跌和盘整。基于随机无序模型，管理者能够通过观察每日的股票价格，收集相关信息来分析股票价格三种趋势方向的后验概率，从而选择合适的投资策略。通过随机无序模型，本章得到了不同投资策略所对应的最优停止区域。当股票价格首次达到某种投资策略所对应的最优停止区域时，管理者便能够以较小的犯错概率和时间成本判断出股价的趋势，进而采取相应的投资策略。

6.2 模型设定及求解

6.2.1 股票状态及管理者的投资策略

本章假设股票价格 X_t 服从带有漂移项的布朗运动：

$$X_t = \mu t + \sigma B_t \tag{6.1}$$

其中 B_t 是标准的布朗运动，μ 是漂移项系数。对于企业管理者而言未知，只知道有三种可能性：$H_0: \mu = \mu_0$，$H_1: \mu = \mu_1$ 以及 $H_2: \mu = \mu_2$。由于股票价格走势形态通常分为趋势上涨、趋势下跌和盘整三种情况，不妨假设 $\mu_0 = 0$，表示股票走势处在横盘整理阶段，$\mu_1 > 0$，表示股票处于趋势上涨阶段，$\mu_2 < 0$，表示股票处于趋势下跌阶段。

公司的管理者对于股票趋势会有一个先验的概率分布，假设三种状态的先验概率分布为 $\pi = (\pi_0, \pi_1, \pi_2)$，其中 $\pi_i = P(\mu = \mu_i)$。定义由股票价格序列构成的 σ

域为 $\mathcal{F}_t^x$，用来表示企业管理者观察股票价格所掌握的信息。那么根据这些新的股价信息，管理者会对股票走势有一个后验概率的判断

$$\pi_{i,t} = P(\mu = \mu_i | \mathcal{F}_t^x) \tag{6.2}$$

用函数 $d(\pi_{0,t}, \pi_{1,t}, \pi_{2,t})$ 表示管理者根据后验概率所采取的投资策略。管理者认为股价没有出现明显的上升或下降趋势时，管理者将保持投资规模不变，采取稳健型投资策略 $d = d_0$，预期收益为 a。而当管理者认为市场景气，股价趋势上涨时，则会采取激进型投资策略 $d = d_1$，扩大投资规模，该策略的预期收益为 b。当管理者认为股票的长期趋势是下跌时，则会采取防守型投资策略 $d = d_2$，缩减投资规模，该策略的预期收益为 c。不妨假设三种策略预期收益的大小关系为 $b > a > c$。

同时，公司管理者也会考虑到如果决策错误，可能会面临的机会成本和损失。比如当决定采取激进型投资策略时，根据管理者的后验概率，其期望收益为 $b\pi_{1,t}$。但同时股票也依然有 $\pi_{0,t}$ 的概率处于盘整阶段，那样公司最优决策则应该是不改变投资规模，采取稳健型投资策略，因此在这种情况下，管理者犯错所导致的成本为 $a\pi_{0,t}$。同样，股价也依然有 $\pi_{2,t}$ 下跌的概率，那么公司就不仅会有相应的机会成本，也会有股票下跌导致的额外损失。所以公司犯错的总成本可以表示为 $a\pi_{0,t} + 2c\pi_{2,t}$。同理对于采取稳健投资策略的公司而言，其面临的机会成本与可能的损失为 $a\pi_{0,t} + 2c\pi_{2,t}$。而当公司采用防守型策略时，面对股票的上涨则只会有相应的机会成本 $a\pi_{0,t} + b\pi_{1,t}$。

那么，对于管理者而言在后验概率 $\pi_t = (\pi_{0,t}, \pi_{1,t}, \pi_{2,t})$ 下，投资决策的收益为 $G(\pi_t, d)$

$$G(\pi_t, d) = I_{\{d_0\}}(d)(a\pi_{0,t} - b\pi_{1,t} - 2c\pi_{2,t}) + I_{\{d_1\}}(d)(b\pi_{1,t} - a\pi_{0,t} - 2c\pi_{2,t}) + I_{\{d_2\}}(d)(c\pi_{2,t} - a\pi_{0,t} - b\pi_{1,t}) \tag{6.3}$$

如果公司管理者能够多等待一段时间，观察到更多的股票价格，收集到更多的信息，那么可能某一种趋势状态的后验概率增加，其他的会减少，这对于管理者而言意味着犯错的概率更小。但同时，也要注意到在公司经营中，投资的机会也会因公司管理者犹豫不决、决策时间过长而丧失。因此，本章假设随着决策时间的延长，投资的预期收益会不断减少。当管理者在 τ 时做出决定，那么投资收益将会因决策时长为 τ，而减少 $r\tau$ 的收益。

结合上述分析，管理者的决策函数可以表示为(τ,d)，τ代表做出决策的时间，而d表示做出怎样的投资策略。管理者的目标便是选择合适的决策时间和投资策略，使得期望收益最大化，即

$$V(\pi) = \sup_{\tau,d} E[G(\pi_\tau,d) - r\tau] \qquad (6.4)$$

如果取负号则是

$$V(\pi) = \inf_{\tau,d} E[-G(\pi_\tau,d) + r\tau] \qquad (6.5)$$

6.2.2 基于三个备择假设的随机无序模型的求解

为了求解公式（6.5）的优化问题，定义后验概率比过程$\varphi_{i,t} = \pi_{i,t}/\pi_{0,t}$，即SR统计量，表达式为

$$\varphi_{i,t} = \varphi_i \exp\left\{\frac{\mu_i}{\sigma^2}X_t - \frac{\mu_i^2}{2\sigma^2}t\right\} \qquad (6.6)$$

其中$\varphi_i = \pi_i/\pi_0$。那么后验概率也能通过$\varphi_{i,t}$来表示

$$\pi_{0,t} = \frac{1}{1+\varphi_{1,t}+\varphi_{2,t}}, \pi_{1,t} = \frac{\varphi_{1,t}}{1+\varphi_{1,t}+\varphi_{2,t}}, \pi_{2,t} = \frac{\varphi_{2,t}}{1+\varphi_{1,t}+\varphi_{2,t}} \qquad (6.7)$$

重新定义股票价格的运动方程为

$$dX_t = (\mu_1\pi_{1,t} + \mu_2\pi_{2,t})dt + d\bar{B}_t \qquad (6.8)$$

其中$\bar{B}_t$也是标准布朗运动（Peskir and Shiryaev, 2006）。那么将$\varphi_{i,t}$带入上式就可以得到

$$dX_t = A(X_t,t)dt + d\bar{B}_t \qquad (6.9)$$

其中

$$A(x,t) = \frac{\mu_1\varphi_1\exp\left[\frac{x\mu_1}{\sigma^2} - \frac{t\mu_1^2}{2\sigma^2}\right] + \mu_2\varphi_2\exp\left[\frac{x\mu_2}{\sigma^2} - \frac{t\mu_2^2}{2\sigma^2}\right]}{1+\varphi_1\exp\left[\frac{x\mu_1}{\sigma^2} - \frac{t\mu_1^2}{2\sigma^2}\right] + \varphi_2\exp\left[\frac{x\mu_2}{\sigma^2} - \frac{t\mu_2^2}{2\sigma^2}\right]} \qquad (6.10)$$

而对于管理者投资决策的预期收益，当给定后验概率 π_t 后，管理者肯定会选择收益最高的投资策略，因此 $G(\pi_t,d)$ 可以直接写成

$$G(\pi_t) = \max\{a\pi_{0,t} - b\pi_{1,t} - 2c\pi_{2,t}, b\pi_{1,t} - a\pi_{0,t} - 2c\pi_{2,t}, c\pi_{2,t} - a\pi_{0,t} - b\pi_{1,t}\}$$
$$= \min\{-a\pi_{0,t} + b\pi_{1,t} + 2c\pi_{2,t}, -b\pi_{1,t} + a\pi_{0,t} + 2c\pi_{2,t}, c\pi_{2,t} + a\pi_{0,t} + b\pi_{1,t}\}$$

（6.11）

将 $G(\pi_t)$ 的后验概率用公式（6.6）和公式（6.7）代替，就能得到

$$G(x,t) = H(x,t)\min\left\{-a + be^{\frac{x\mu_1}{\sigma^2} - \frac{t\mu_1^2}{2\sigma^2}}\varphi_1 + 2ce^{\frac{x\mu_2}{\sigma^2} - \frac{t\mu_2^2}{2\sigma^2}}\varphi_2 - be^{\frac{x\mu_1}{\sigma^2} - \frac{t\mu_1^2}{2\sigma^2}}\varphi_1 + 2ce^{\frac{x\mu_2}{\sigma^2} - \frac{t\mu_2^2}{2\sigma^2}}\varphi_2 + a, a + be^{\frac{x\mu_1}{\sigma^2} - \frac{t\mu_1^2}{2\sigma^2}}\varphi_1 - ce^{\frac{x\mu_2}{\sigma^2} - \frac{t\mu_2^2}{2\sigma^2}}\varphi_2\right\}$$

（6.12）

其中

$$H(x,t) = \frac{1}{1 + e^{\frac{x\mu_1}{\sigma^2} - \frac{t\mu_1^2}{2\sigma^2}}\varphi_1 + e^{\frac{x\mu_2}{\sigma^2} - \frac{t\mu_2^2}{2\sigma^2}}\varphi_2}$$

（6.13）

定理 6.2.1 定义

$$Y_0(s) = \frac{\partial G^+}{\partial x}(X_s = l_0(s), s) - \frac{\partial G^-}{\partial x}(X_s = l_0(s), s),$$
$$Y_1(s) = \frac{\partial G^+}{\partial x}(X_s = l_1(s), s) - \frac{\partial G^-}{\partial x}(X_s = l_1(s), s),$$
$$Y_2(s) = \frac{\partial G^+}{\partial x}(X_s = l_2(s), s) - \frac{\partial G^-}{\partial x}(X_s = l_2(s), s)$$

（6.14）

那么投资决策的收益 $G(x,t)$ 可以简化为

$$EG(X_\tau, \tau) = G(0,0) + E\frac{1}{2}\int_0^{\tau \wedge T_1} Y_0(s)\mathrm{d}L_s^{l_0} + \frac{1}{2}\int_{\tau \wedge T_1}^\tau Y_1(s)\mathrm{d}L_s^{l_1} + \frac{1}{2}\int_{\tau \wedge T_1}^\tau Y_2(s)\mathrm{d}L_s^{l_2}$$

（6.15）

证明：参见 6.6 节。

定义随机过程 $Y(t)$ 为

$$Y(t) = \frac{1}{2}\int_0^{t \wedge T_1} Y_0(s)\mathrm{d}L_s^{l_0} + \frac{1}{2}\int_{t \wedge T_1}^\tau Y_1(s)\mathrm{d}L_s^{l_1} + \frac{1}{2}\int_{t \wedge T_1}^\tau Y_2(s)\mathrm{d}L_s^{l_2}$$

（6.16）

由此，原优化问题（6.5）可以转变为过程 $Y(t)$ 的最优停时问题

$$S(x,t) = \sup_{\tau} \mathrm{E}^{x,t}[Y(\tau) - r(\tau - t)] \tag{6.17}$$

根据日特鲁欣等（Zhitlukhin et al., 2011）的方法，定理 6.2.2 给出了其最优停时问题的解。

定理 6.2.2 最优停时问题（6.17）存在停止区域 D 和持续区域 C，最优停时 τ_t^*，可以表示为

$$\tau_t^* = \inf\{s \geqslant t : (X_s, s) \in D\} \tag{6.18}$$

最优停止区域和持续区域由边界函数 $f_1^+(t)$、$f_1^-(t)$、$f_2^+(t)$、$f_2^-(t)$ 所决定。其中持续区域 C 为

$$C = \left\{(f_1^-(t), f_1^+(t)) \cup (f_2^-(t), f_2^+(t))\right\} \tag{6.19}$$

而最优停止区域 D 由三部分组成，分别为

$$\begin{aligned} D_1 &= (f_1^+(t), +\infty), \\ D_2 &= (-\infty, f_2^-(t)), \\ D_0 &= (f_1^-(t), f_2^+(t))_{\circ} \end{aligned} \tag{6.20}$$

定理 6.2.2 意味着当股票价格首次进入 D_1 区域时，管理者便会认为股价将处于上升趋势中，因此扩大投资规模，采取激进型投资策略预期收益更高，而当股票价格首次进入 D_2 区域时，则会认为股价处于下跌趋势中，应该采取防守型投资策略，缩减投资规模。如果股票价格首次进入 D_0 区域时，便可以判断股价处于横盘整理的阶段，应该采取稳健型投资策略。边界函数的具体表达式为

$$\begin{aligned} f_1^-(t) &= l_1(t) - B_1 + o\left(\mathrm{e}^{\frac{\mu_2(\mu_1 - \mu_2)t}{2\sigma^2}}\right) \\ f_1^+(t) &= l_1(t) + B_1 + o\left(\mathrm{e}^{\frac{\mu_2(\mu_1 - \mu_2)t}{2\sigma^2}}\right) \\ f_2^-(t) &= l_2(t) - B_2 + o\left(\mathrm{e}^{\frac{\mu_1(\mu_2 - \mu_1)t}{2\sigma^2}}\right) \\ f_2^+(t) &= l_2(t) - B_2 + o\left(\mathrm{e}^{\frac{\mu_1(\mu_2 - \mu_1)t}{2\sigma^2}}\right) \end{aligned} \tag{6.21}$$

其中 B_1 和 B_2 分别是方程（6.21）的解

$$\frac{1}{\left(1+\dfrac{a}{b}\right)^2}\left[-\frac{\sigma^2}{\mu_1}\left(\mathrm{e}^{\frac{\mu_1 B}{\sigma^2}}-1\right)+\frac{2a}{b}B_1+\frac{a^2\sigma^2}{\mu_1 b^2}\left(\mathrm{e}^{\frac{\mu_1 B}{\sigma^2}}-1\right)\right]=\frac{\sigma^2}{2r} \quad (6.22)$$

$$\frac{1}{\left(1+\dfrac{2a}{3c}\right)^2}\left[-\frac{\sigma^2}{\mu_1}\left(\mathrm{e}^{\frac{\mu_2 B}{\sigma^2}}-1\right)+\frac{4a}{c}B_2+\frac{4a^2\sigma^2}{9\mu_1 c^2}\left(\mathrm{e}^{\frac{\mu_2 B}{\sigma^2}}-1\right)\right]=\frac{\sigma^2}{2r} \quad (6.23)$$

证明：参见 6.6 节。

6.3 数值分析

由于模型中最优停止区域的边界函数涉及较为复杂的超越方程求解，参数 B_1 和 B_2 无法得到解析表达式，因此本节将通过数值模拟的方法，对模型参数赋值，计算出最优停止区域的边界函数值，并对模型的性质进行多角度的分析。

6.3.1 价格路径及股票状态区域

假设模型中价格过程漂移项的三种取值分别为 $\mu_1 = 0.001$、$\mu_2 = -0.001$ 以及 $\mu_0 = 0.0$。由于股票收益率的标准差通常是均值的 10~20 倍，因此假设参数 $\sigma = 0.02$。然后，企业三种投资策略的预期收益分别为 $a=2, b=3, c=1$。投资收益随决策时间的速度为 $r = 0.001$。

首先假设股票过程漂移项的真实取值为 $\mu = \mu_1$，然后进行模拟，模拟的路径长度为1000。根据6.2节的方法，计算得到了相应的最优停止区域和边界函数，结果如图6.1所示。

其中，实线表示模拟的股票价格路径，虚线表示边界函数，图中四条虚线将整个空间分割成了四个区域，上方是最优停止区域 D_1，下方是最优停止区域 D_2，右侧三角形区域是 D_0，而中间剩下的部分便是持续区域 C。可以发现，当 $\mu = 0.001$ 时的股票价格路径，在起点附近并没有马上超过边界 $f_1^+(t)$ 进入最优停

止区域 D_1。如果公司的管理者观察到公司股价这样的走势，便还不能判断股价背后漂移项的取值大小。但随后，模拟的价格路径开始呈现较为明显的上涨趋势，并在 τ 时刻，首次超过了边界 $f_1^+(t)$，进入了停止区域 D_1。那么，对于公司的管理者就意味着，应该在 τ 时刻判断出股价走势存在长期上涨的趋势，进而决定应采取激进型投资策略，扩大投资规模。

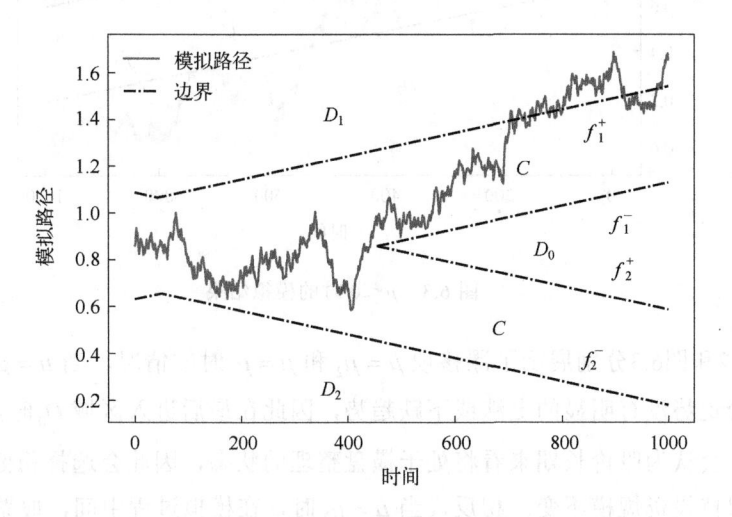

图 6.1　$\mu>0$ 时的模拟结果

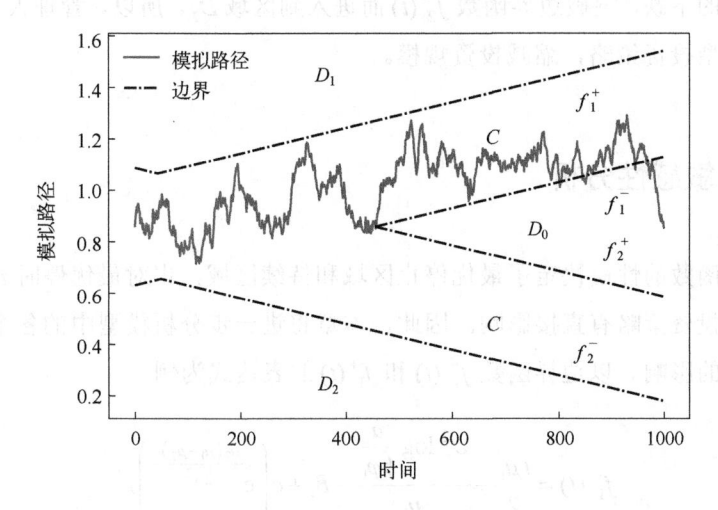

图 6.2　$\mu=0$ 时的模拟结果

第 6 章　股价变动与公司投资决策　　109

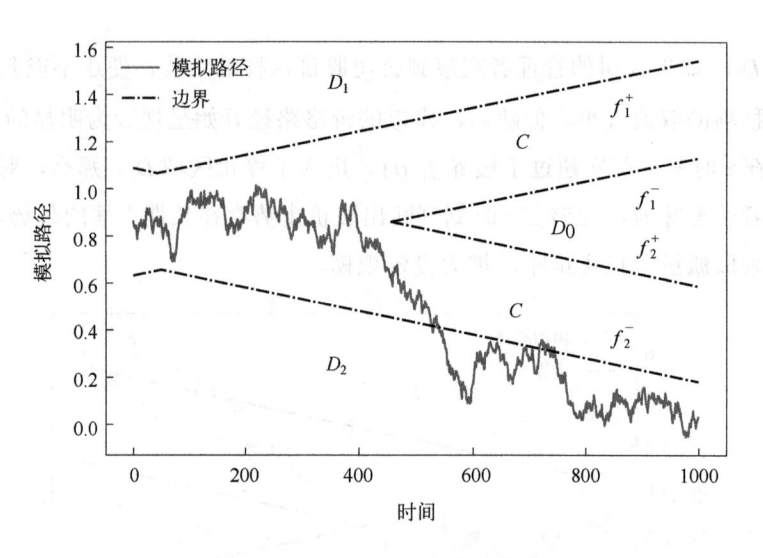

图 6.3 $\mu < 0$ 时的模拟结果

图6.2和图6.3分别展示了漂移项 $\mu = \mu_2$ 和 $\mu = \mu_0$ 时的情况。当 $\mu = \mu_0$ 时，模拟的股价走势没有明显的上涨或下跌趋势，因此在最后进入区域 D_0 时，公司的管理人才会认为股价长期来看将处于横盘整理的状态，因此会选择稳健型投资策略，保持投资规模不变。相反，当 $\mu = \mu_2$ 时，在模拟过程中间，股票走势出现了迅速的下跌，突破边界函数 $f_2^-(t)$ 而进入到区域 D_2。所以，管理人会相应地选择防守型投资策略，缩减投资规模。

6.3.2 敏感性分析

边界函数的性质决定了最优停止区域和持续区域，也对最优停时 τ 和管理者采取的投资策略有直接影响。因此，本章将进一步分析模型中的各个参数对边界函数的影响。以边界函数 $f_1^-(t)$ 和 $f_1^+(t)$ 的表达式为例

$$f_1^-(t) = \frac{t\mu_1}{2} + \frac{\sigma^2 \log \frac{a}{b\varphi_1}}{\mu_1} - B_1 + o\left(e^{\frac{\mu_2(\mu_1-\mu_2)t}{2\sigma^2}}\right),$$

$$f_1^+(t) = \frac{t\mu_2}{2} + \frac{\sigma^2 \log \frac{2a}{3c\varphi_2}}{\mu_2} + B_1 + o\left(e^{\frac{\mu_2(\mu_1-\mu_2)t}{2\sigma^2}}\right)$$

（6.24）

可以发现边界函数由两部分组成：第一部分是 $\frac{t\mu_1}{2}$ 或者 $\frac{t\mu_2}{2}$，主要决定了边界的斜率，当参数 μ_1 越大或者参数 μ_2 越小时，边界越陡峭。这样的性质意味着，公司的管理者认为只有当股票价格的上涨趋势较快时，才能说明市场外部投资者对公司未来经营业绩比较乐观，市场环境较为景气，因此 μ_1 取值较大。那么反映到股价变动上，股票上涨的速度更快，才能够超过边界函数增长速度进入区域 D_1，而管理者才能够决定采取激进型投资策略。同理，如果参数 μ_2 更小，则表明管理者认为股价需要下降得更快，才能判定外部投资者对公司未来前景变得较为悲观，公司应该采取防守型投资策略，缩减投资规模。可以注意到，其他参数对于边界函数的斜率没有影响。第二部分是 $\frac{\sigma^2 \log \frac{a}{b\varphi_1}}{\mu_1} - B_1$ 或者 $\frac{\sigma^2 \log \frac{2a}{3c\varphi_2}}{\mu_2} + B_1$，决定了区域的宽度。其中 $\frac{\sigma^2 \log \frac{a}{b\varphi_1}}{\mu_1}$ 主要和 σ^2/μ_1 有关，表示连续区域的宽度，σ 与 μ 相比越大，那么连续区域的宽度越宽，决策也就越困难。因为 B_1 和 B_2 是超越方程的解，无法得到解析表达式，因此，本章计算不同参数设定下 B_1 和 B_2 的具体数值，进行敏感性分析。

表6.1是敏感性分析的结果。在Panel A中，参数 σ, a, b, c, r 的取值固定。漂移项系数 μ_1 和 μ_2 的绝对值相等，绝对值大小从0.001增加至0.007。随着漂移项绝对值的增加，B_1 和 B_2 的数值均逐渐减少，持续区域 C 的宽度不断缩减。当股价处在持续区域 C 时，意味着股票价格的变化难以区分出是受趋势的影响还是市场扰动的影响。当区域 C 的宽度越宽，表明需要趋势特征更明显，才能剔除掉市场扰动的影响，判断出股价的长期趋势。当漂移项系数绝对值增大时，趋势对股价变动的影响会明显增加，不需要更长的决策时间来分辨出股价趋势和市场扰动，所以区域 C 的宽度会减少。

表6.1 B_1 和 B_2 的敏感性分析

				Panel A				
$|\mu_1|, |\mu_2|$	0.001	0.002	0.003	0.004	0.005	0.006	0.007
B_1	0.206	0.203	0.194	0.182	0.169	0.158	0.147
B_2	0.203	0.198	0.187	0.175	0.163	0.151	0.141

续表

Panel B							
σ	0.02	0.03	0.04	0.05	0.06	0.07	0.08
B_1	0.206	0.464	0.824	1.288	1.854	2.524	3.297
B_2	0.203	0.457	0.812	1.269	1.827	2.487	3.248
Panel C							
r	0.001	0.002	0.003	0.004	0.005	0.006	0.007
B_1	0.206	0.102	0.068	0.051	0.040	0.034	0.029
B_2	0.203	0.101	0.067	0.050	0.040	0.034	0.029

同理，当固定参数 μ_1 和 μ_2 的绝对值大小，逐渐增加市场扰动参数 σ 时，如表6.1的Panel B所示，参数 B_1 和 B_2 都有明显增加，区域 C 的宽度也随之增大。这是因为市场扰动的影响变得更大，需要等到股价的趋势特征显现，才能够判断出价格的长期走势。

最后，固定股票价格模型的参数 μ_1，μ_2 和 σ，逐渐增加决策的时间成本 r。结果如表6.1的Panel C所示。当参数 r 越大，说明公司管理者决策时间越长，投资收益就越小。因此，可以发现 B_1 和 B_2 的数值都随着系数 r 的增大，区域 C 宽度逐渐收窄。这意味着，股价的涨跌幅如果不变，参数 r 较大时便有可能突破边界，进入到停止区域，而参数 r 较小时便不会超过边界，股价仍停留在持续区域 C。这个性质说明，如果时间成本增加，会促使管理者尽快做出投资决策，而不能选择观察更多的股票市场数据，从而在更小的犯错概率下，分辨出股价的长期趋势。

在上述对于参数 B_1，B_2 和区域 C 的宽度分析中，可以发现对于管理者而言，区域 C 是用来过滤市场扰动对股价变动的影响、显示股价长期趋势特征的标准。区域 C 越宽，意味着管理人认为市场扰动的影响越大，判断股价长期趋势的难度也就越大；相反区域 C 越窄，则说明管理者认为市场上的噪声交易较少，容易分辨出公司股价所处的状态。

除了股票价格过程的参数会对边界函数和最优停止区域有影响外，三种投资策略的预期收益也会产生影响。如果三种投资策略的预期收益完全相等，那么边界函数和最优停止区域应该具有对称性。但是，本章的模型中三种投资策略分别代表了公司不同的投资规模，预期收益存在差异，因此得到的边界函数与最优停止区域不再对称。

当稳健型投资策略预期收益 a 增加时，意味着如果企业管理者选择稳健型投资策略，那么可能的收益会更高，相反犯错的机会成本和损失会相对降低。如果管理者选择激进型投资策略或防守型投资策略，那么犯错的机会成本会增加。在这种情况下，企业的管理者会更倾向于选择稳健型投资策略。

图6.4展示了预期收益 a 增加前后边界函数和最优停止区域的变化，其中灰色实线是 a 较大时的边界函数，黑色虚线是 a 较小时的边界函数。可以发现，最优停止区域向左平移了一段距离。与 a 较小时的边界相比，如果股票在初期没有出现较大涨跌幅时，会更容易进入到 D_0 区域，管理者则会判断股票处于横盘状态并采取稳健型投资策略。从经济意义上来讲，由于采取稳健策略的预期收益增高，如果没有较大把握认定股票价格处于上涨还是下跌趋势中，为了避免较大的犯错成本，也会更倾向于稳健型投资策略。

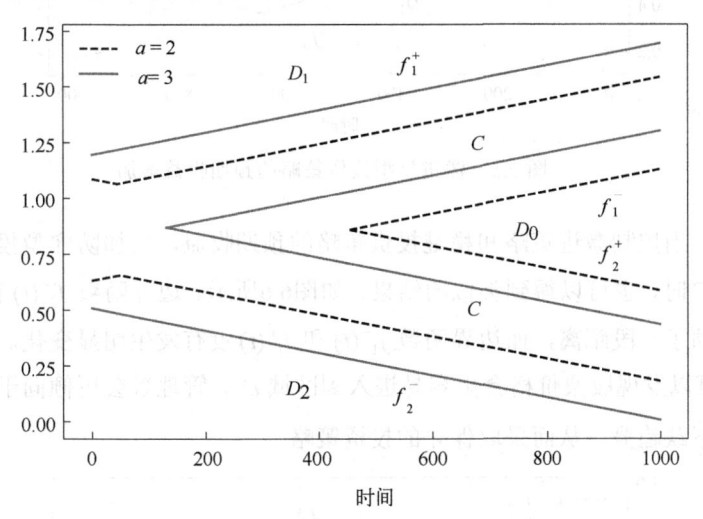

图 6.4 稳健型投资策略的预期收益增加

同理，将稳健和防守型投资策略的预期收益保持不变，增加激进型投资策略的预期收益 b，结果如图6.5所示。当激进型投资策略的预期收益增加时，边界函数 $f_1^-(t)$ 和 $f_1^+(t)$ 向下移动了一段距离，而边界函数 $f_2^-(t)$ 和 $f_2^+(t)$ 则没有明显变化，区域 D_0 也随之向右下方移动。这意味着，如果股票价格下跌，那么对管理者判断出股票处于下降趋势没有明显影响。但是，当股票上涨时，会更容易达到边界函数 $f_1^+(t)$，进入到 D_1 区域。所以，当股票价格有相同涨幅的时候，激进型投资收益增加会导致管理者更容易认为股价处于上涨趋势，选择激进型投资策略。同时，区域 D_0 向右下方移动，也意味着股价过程会更难进入到该区域 D_0。在经济意义上，由于激进投资策略的预期收益更大，所以如果管理者选择了稳健或防守型投资策略，会面临较大的犯错成本，因此会希望有更充足的时间来判断股票价格是否处于上涨趋势中。

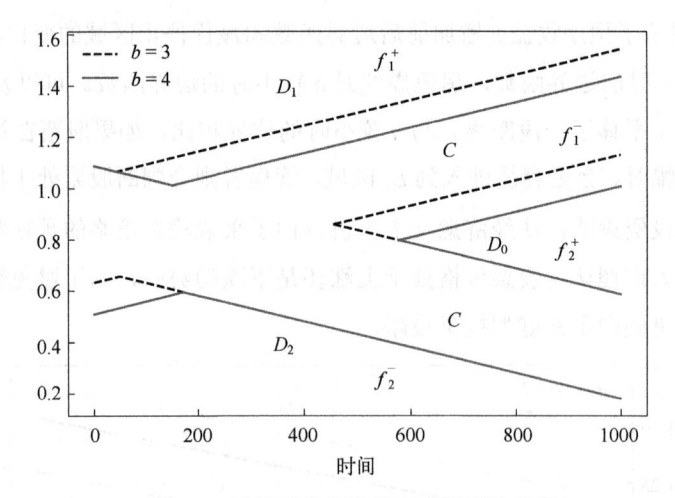

图 6.5　激进型型投资策略的预期收益增加

最后，当控制激进策略和稳健投资策略的预期收益，增加防守型投资策略的预期收益 C 时，也可以得到类似的结果，如图6.6所示。边界函数 $f_2^-(t)$ 和 $f_2^+(t)$ 向右上方移动了一段距离，而边界函数 $f_1^-(t)$ 和 $f_1^+(t)$ 没有发生明显变化。基于同样的逻辑，可以发现股票价格会更容易进入到区域 D_2，管理者会更倾向于认为股票价格处于下跌趋势，从而采取保守的投资策略。

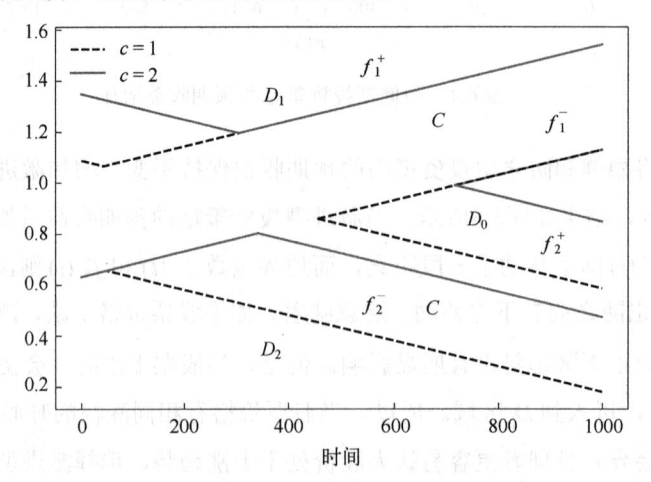

图 6.6　保守型投资策略的预期收益增加

6.3.3 模型准确率分析

模型的目标函数是要在判断错误和决策的时间成本之间权衡而做出最优决策，因此对于管理者而言并不会每次判断都百分之百准确，依然存在犯错的可能性，所以本章将进一步对模型的准确率进行分析。

假设模型的参数为 $\mu_1=0.002$，$\mu_2=-0.002$，$\mu_0=0.0$，$\sigma=0.02$，$r=0.02$，而三种投资策略的预期收益同样设为 $a=2, b=3, c=1$，时间成本为 $r=0.0005$。

首先，假设股票价格过程的漂移项系数 $\mu=0.002$，模拟生成 $N=5000$ 条路径。根据本章的模型计算出边界函数和最优停止区域，判断在模拟生成的路径中，首次进入区域 D_1、D_2 和 D_3 的占比，结果如表6.2的Panel A的第一行所示。在所有模拟路径中，模型能够正确判断其漂移项取值的比例为67.3%，错误判断成横盘状态的比例为32.1%，而趋势方向判断错误，认为股票价格处于下跌状态的概率为0.6%。模型的准确率较高，并且方向判断错误的概率较低。有大约1/3的概率，认为股票价格处于横盘整理的阶段，主要是因为股票过程中市场扰动系数为0.02，而漂移项系数为0.002，仅为市场扰动的1/10。模拟过程的波动影响占据主导地位，而趋势的特征并不明显，所以会有一定概率呈现出横盘震荡的状态。

表 6.2 模型的准确率分析

	D_0 /%	D_1 /%	D_2 /%
Panel A			
$\mu=0.002$	32.1	**67.3**	0.6
$\mu=-0.002$	30.0	0.4	**69.6**
$\mu=0$	**77.0**	12.0	11.0
Panel B			
$\mu=0.001$	62.7	**34.6**	2.7
$\mu=0.001$	61.4	2.4	**36.1**
Panel C			
$\mu=0.003$	8.6	**91.3**	0.1
$\mu=-0.003$	8.2	0.1	**91.7**
Panel D			
$\mu=0.002, \sigma=0.01$	37.5	**62.5**	0
$\mu=-0.002, \sigma=0.01$	35.4	0	**64.6**
$\mu=0.000, \sigma=0.01$	**99.9**	0	0.1

第6章 股价变动与公司投资决策

	Panel E		
$\mu=0.002, \sigma=0.03$	20.3	**70.8**	8.9
$\mu=-0.002, \sigma=0.03$	19.7	8.0	**72.3**
$\mu=0.000, \sigma=0.03$	**36.1**	31.2	32.8

运用同样的方法，可以进一步分析模拟过程漂移项系数小于0和等于0的情况，结果如表6.2 Panel A的第二行与第三行所示。当漂移项系数小于0时，模型的准确率在69.6%左右，略高于漂移项大于0的情况。这是因为公司三种投资决策的预期回报不同，相应的收益与损失并不对称。采取防守型策略的机会成本比采取激进策略的大，判断会更谨慎，所以模型的准确率会更高一些。但同样，也有1/3的概率认为股票价格处于横盘整理的阶段。而当股价过程真实的漂移项系数等于0时，模拟过程就是布朗运动。此时模型的准确率为77%，显著高于漂移项大于0和小于0的情况。但仍会因为出现波动过大，模拟过程先进入区域D_1或D_2，使管理者认为漂移项系数非零。在这种情况下，错误判断漂移项大于0和小于0的概率相近，均在10%左右。

值得注意的是，模型的备择假设μ_1和μ_2在数值大小上并不一定等于价格过程真实的漂移项系数；相反，两者存在差异才是大多数的情况。当模型假设的漂移项系数数值大于价格过程真实的漂移项系数时，模型的边界函数$f_1^+(t)$会升高，而边界函数$f_2^-(t)$会下降，区域C对于过程而言更宽，更难离开持续区域C进入到区域D_1和区域D_2。

因此，模型假设的漂移项系数小于股价过程真实的漂移项系数，股价过程的趋势特征被弱化，会表现得更接近布朗运动，所以会有更高概率进入到区域D_0，从而判断股票价格处于横盘整理阶段。该情况的模拟结果如表6.2的Panel B所示，不论漂移项的正负性，模型的准确率均下降了一半，仅为34.6%（$\mu=0.001$）和36.1%（$\mu=-0.001$）。而判断股价处于横盘整理状态的错误率为62.7%（$\mu=0.001$）和61.4%（$\mu=-0.001$）。因此，当模型假设的漂移项系数大于股票价格过程真实的参数时，准确率较低。但是，若股票价格过程的真实漂移项较小，那么对于管理者而言，也可以近似认为股票尚未有明显趋势，仍然处于横盘整理状态，对投资决策的影响有限。

相反，当模型假设的漂移项参数小于股票价格过程的真实参数时，股票价格的趋势特征更加明显，上涨或下跌会更迅速且稳定。所以股票价格会更容易离开区域 C，进入到区域 D_1 和区域 D_2，模型判断的准确率会更高。该情况下模拟的结果如表6.2的Panel C所示。模型的准确率有了显著的提升，分别达到了91.3%（$\mu = 0.003$）和91.7%（$\mu = -0.003$），且漂移项的正负性对模型准确率的影响也有所减弱。

除了漂移项的差异对模型的准确率有影响外，市场扰动的假设值与真实值之间的差异也会影响到模型的准确率。当模型假设的市场扰动项系数大于过程真实的扰动项系数时，价格过程相较于区域和边界函数会表现得更加平稳，因此离开区域 C 进入到区域 D_0 可能性会上升，使得模型的准确率有所下降。其中，由于股价波动幅度的下降，错误判断股票价格趋势方向的可能性也随之下降。相反，股票价格过程会更有可能被认为处于横盘整理的状态。表6.2的Panel D展示了模拟的结果，模型的正确率下降到62.5%（$\mu = 0.002$）和64.6%（$\mu = -0.002$）。但是当模拟过程漂移项等于0时，准确率上升到99.9%。

当模型项假设的市场扰动系数小于股票过程市场扰动系数的真实值时，过程的波动幅度相较于区域 C 而言会更大。所以当漂移项非零时，会更容易离开区域 C 进入区域 D_1 或区域 D_2，模型的准确率会有所提高。但是，波动幅度增加也会加大进入到趋势相反的停止区域的可能性，所以错误判断趋势方向的概率增大。该情况的模拟结果如表6.2的Panel E所示，正确率上升到70.8%（$\mu = 0.002$）和72.3%（$\mu = -0.002$）。然而，当股价过程的漂移项等于0时，价格过程便是波动较大的布朗运动时，模型的准确率较低。这是因为，价格过程可以因为波动而不是趋势的影响离开区域 C，因此判断过程是否处于横盘整理阶段的难度较大，准确率较低。模拟结果显示，其准确率会因此下降至36.1%。

6.4 实证研究

在实证研究部分，由于公司采取激进型投资策略，扩大投资规模时通常会发布公告，而缩减投资一般不会有相关信息发布。所以本章将着重关注公司扩大投资规模前股票价格的变化，分别从具体个股和市场平均表现两方面来分析。

6.4.1 个股研究

上市公司要采取激进型的投资策略时,通常需要外部融资来筹集资金。外部融资的方式一般分为两种:一是债券融资,通过向特定对象或公众发行债券来获得资金;二是股权融资,增发新股来筹措资金。由于本章的研究内容聚焦于上市公司股票价格与公司的投资决策,因此在实证部分,本章只考虑与股市联系更为紧密的股权融资方式来标志公司管理者将采取激进型投资策略。根据中国证券法的相关规定,当上市公司决定发行新股时,需要提交证监会审核,审核通过后才能向特定对象定向发行。而证监会的审核上市时间为1个月到10个月不等,平均在239天。正因为存在决定股权融资到真正发行新股的时间差,企业管理者才会格外注重自己公司股票价格所处的状态。如果股价处于下跌趋势中,那么到证监会批准定向增发时,股权融资的成本则会大幅增加。

本章选择新希望和东方锆业这两支股进行具体的案例分析,新希望在2020年4月20日公布了定向增发的预案。本章假设2019年5月1日为投资决策区间的起点。各个上市公司需要在2019年4月30日完成年报公布,因此选择所有公司年报公布完成后的5月1日作为样本区间的起点,这样公司开始进行决策时的行业信息最完整。同时,将公布定向增发预案2个月后的2020年6月20日作为投资决策区间的终点。东方锆业在2020年的8月15日公司发布了定向增发的预案,因此投资决策区间为2020年5月1日至2020年10月15日。本章将分析这段时间内,新希望公司和东方锆业股票的走势变化。

为了运用本章的模型,需要假设漂移项系数和市场扰动项系数。因此取2018年5月1日至2019年4月30日作为新希望系数的估计区间,2019年5月1日至2020年4月30日为东方锆业的参数估计区间。表6.3是估计区间内收益率样本的描述性统计。本章将收益率均值作为漂移项系数、收益率标准差作为市场扰动系数。通过计算得到新希望股价的漂移项系数为0.37%,扰动项系数为2.56%。东方锆业股价的漂移项系数为0.08%,扰动项系数为2.63%。

表 6.3 公司股价收益率描述性统计

公司	数据量	均值/%	标准差/%	最大值/%	最小值/%
新希望	245	0.37	2.56	9.71	−10.00
东方锆业	244	0.08	2.63	9.50	−10.00

除了股票价格过程的系数外，也需要假设三种投资策略预期收益的大小，本章依然设定激进型策略的预期收益率：稳健型策略的预期收益率：保守型策略的预期收益率为3∶2∶1。对于新希望公司，本章假设决策的时间成本为0.0012，这意味着从2019年5月1日起，每过一天，三种投资决策的预期收益都会减少0.0012。若到投资决策的终点2020年6月20日（期间共有277个交易日）时，企业管理者仍无法做出决策，那么预期收益共会减少 277×0.0012 = 0.3324，约为保守投资策略预期收益的1/3。同样对于东方锆业公司，到决策终点2020年10月15日共有109个交易日，所以假设决策的时间成本为0.003，同样使得到决策终点预期收益较少1/3。图6.7和图6.8是计算分析的结果。

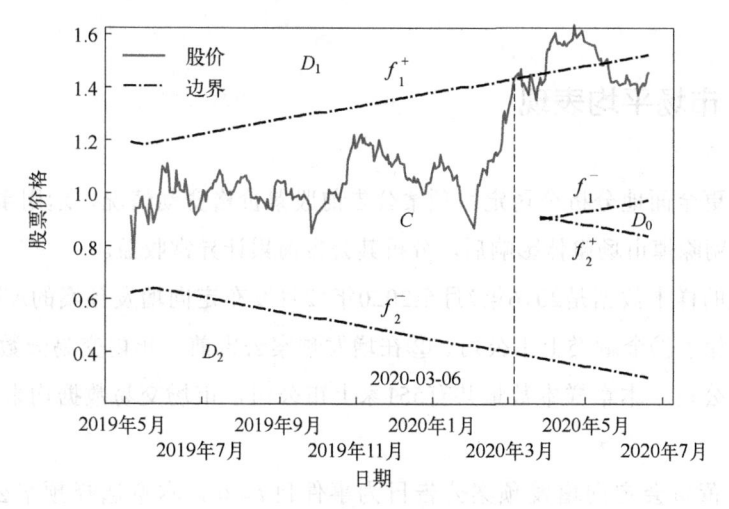

图 6.7　新希望股票走势和最优停止区域

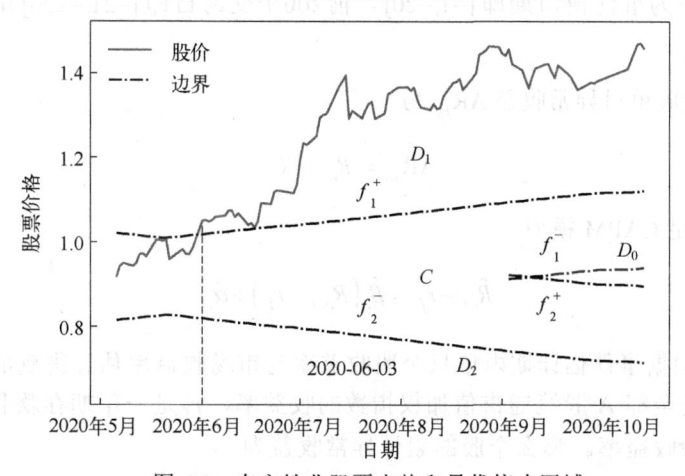

图 6.8　东方锆业股票走势和最优停止区域

第 6 章　股价变动与公司投资决策　　119

其中虚线表示模型中所求解的边界实线是标准化后的股价过程。可以发现，在决策区间开始的时候，股票价格有轻微波动，但并没有超过边界函数 $f_1^+(t)$ 进入区域 D_1。到2020年3月6日时，新希望的股价在经过了一段连续的上涨后触碰到边界 $f_1^+(t)$，进入到区域 D_1。根据本章模型的结论，管理者认为股票价格处于上升趋势中，会采取激进型投资策略。所以，在2020年4月20日，公布了股票定向增发的预案来股权融资。而东方锆业公司的分析结果不同于新希望，东方锆业在投资决策区间初期就出现了明显的涨幅，股票价格直接超过了边界 $f_1^+(t)$ 进入到区域 D_1。管理者便判定股票价格处于上涨趋势中，进而采取激进型投资策略，于2020年8月15日发布了定向增发的预案。

6.4.2　市场平均表现

为了更全面地分析公司定增预案公告前股票价格变动情况，运用事件研究的方法，剔除掉市场整体影响后，分析其公告前累计异常收益。

本章的样本数据是2016年7月至2020年12月发布定向增发预案的A股上市公司，并剔除了①金融类上市公司、②在增发预案公告前一年内交易天数不足200天的上市公司。本章样本数量共有551家上市公司，市场交易数据均来自WIND资讯。

定义董事会定向增发预案公告日为事件日 $t=0$。本章选择预案公告前20个交易日作为事件窗口期即 [−1,−20]，前200个交易日即 [−21,−220] 作为事件估计期。

定义个股单日异常收益 $AR_{i,t}$ 为

$$AR_{i,t} = R_{i,t} - \hat{R}_{i,t} \quad (6.25)$$

其中 $\hat{R}_{i,t}$ 满足 CAPM 模型

$$\hat{R}_{i,t} - r_f = \hat{\beta}_i (R_{m,t} - r_f) + \hat{\alpha}_i \quad (6.26)$$

$\hat{\beta}_i$ 和 $\hat{\alpha}_i$ 是根据事件估计期内单只个股收益率与市场收益率估计得到的，其中市场收益率是全部A股流通市值加权指数的收益率，r_f 是一年期存款利率，用来表示无风险收益率。那么个股的累计异常收益为

$$\mathrm{CAR}_i = \sum_{t=1}^{20} \mathrm{AR}_{i,t} \tag{6.27}$$

可以定义样本平均异常收益和样本平均累计异常收益

$$\overline{\mathrm{AR}}_t = \frac{1}{n}\sum_{i}^{n} \mathrm{AR}_{i,t}$$
$$\overline{\mathrm{CAR}} = \frac{1}{n}\sum_{i}^{n} \mathrm{CAR}_i \tag{6.28}$$

表 6.4 是样本平均异常收益率,可以发现在增发预案公告前的 20 个交易日里,绝大多数交易日的异常收益率都大于 0,说明个股的表现超过了根据历史数据估计的收益率,意味着个股股价的走势开始出现变化,逐渐形成上涨的趋势。

表 6.4 平均每日异常收益

Day	-1	-2	-3	-4	-5	-6	-7	-8	-9	-10
AR/%	0.101	0.007	0.120	0.047	-0.078	0.044	0.080	-0.030	0.092	0.134
Day	-11	-12	-13	-14	-15	-16	-17	-18	-19	-20
AR/%	-0.032	0.146	0.038	0.193	0.025	-0.112	0.119	0.086	0.022	0.114

通过 t 检验可以判断出,在排除了市场影响的因素后,董事会定向增发预案前股票价格是否有上涨。样本平均累计异常收益为 0.011,t 检验的 P 值为 0.0638,说明在 5% 左右的置信度下,累计异常收益不等于 0,股价在定向增发预案公告前逐渐上涨。

然后对这 551 家上市公司按照前述的方法分析在公告前股票价格运动是否进入到 D_1 区域,来表示股价的长期趋势是上涨。经过计算,共有 371 家公司的股票价格在预案公告前进入到 D_1 区域,占 67.3%,占比超过一半。然后分别统计股价进入到 D_1 区域和未进入 D_1 区域的公司在预案公告一年之后股价的收益率。当剔除掉市场因素的印象,股价进入到 D_1 区域的公司一年后的股票平均收益率为 9.54%,而股价未进入 D_1 区域的公司一年后的股票平均收益率为 3.17%,t 检验 p 值为 0.00,说明两者收益率差异显著。这说明随机无序模型能够有效地判断出股票价格的长期趋势，来帮助企业管理者做出合适的决策。

6.5　小结

反馈效应和市场择时理论表明股价变动会影响到公司的投融资决策。本章提出的模型进一步说明了公司管理者在不完全信息下根据股价变动来选择公司投资策略的决策过程。不完全信息使公司管理者无法判断股价当前的趋势状态，所以管理者既要考虑犯错的概率，增大预期收益，也要减少决策所花费的时间成本。因此，本章模型运用最优停时的方法，将股价变动划分出了三个最优停止区域，当股价首次进入某一最优停驶区域时，管理者便能够判断出股票趋势和所应该采取的投资策略。

通过对本章模型的多个参数进行敏感性分析发现，股价运动的漂移项较大或市场扰动较小时，管理者会更容易判断出股票的趋势，在同样的股票走势下，决策时间更短。相反，市场扰动较大时，决策时间往往会更长。分析投资策略的预期收益可以发现，某类投资策略的预期收益越大，管理者越倾向选择该投资策略。考虑到可能存在模型错设的情况，比较了不同模型参数下的准确率，可以发现模型的漂移项系数假设对准确率的影响较为明显。

本章以公司定向增发股票便标志着将采取激进型投资策略、扩大投资规模为假设，利用中国上市公司数据进行实证研究发现，在董事会定向增发预案公告前，股价会出现明显上涨，进入到最优停止区域。这意味着管理者会认为股票价格处于上涨趋势中。计算上市公司定向增发预案公告前20日的每日异常收益和平均异常收益，均显著大于0。而对于那些股价上涨幅度进入随机无序模型停时区域的公司而言，公告之后一年的股票涨跌幅显著高于其他公司，进一步验证了本章的决策模型。

6.6 附录

6.6.1 定理 6.2.1 证明

由于 $G(x,t)$ 是取三种投资策略预期收益的最大值，需要根据 x 和 t 的大小来具体分情况讨论。定义区域 R_0

$$R_0 = \left\{ (x,t) : t \leqslant T_1, x \in \left(\frac{t\mu_2}{2} + \frac{\sigma^2 \log \frac{2a}{3c\varphi_2}}{\mu_2}, \frac{t\mu_1}{2} + \frac{\sigma^2 \log \frac{a}{b\varphi_1}}{\mu_1} \right) \right\} \quad (6.29)$$

当 (x,t) 在区域 R_0 上时，函数 $G(x,t)$ 等于第一项，即

$$G(x,t) = H(x,t)\left(-a + be^{\frac{x\mu_1}{\sigma^2} - \frac{t\mu_1^2}{2\sigma^2}} \varphi_1 + 2ce^{\frac{x\mu_2}{\sigma^2} - \frac{t\mu_2^2}{2\sigma^2}} \varphi_2 \right) \quad (6.30)$$

同理，可以找到区域 R_1

$$R_1 = \left\{ (x,t) : t \geqslant T_1, x > \frac{t\mu_1}{2} + \frac{\sigma^2 \log \frac{a}{b\varphi_1}}{\mu_1} \right\}$$

$$\cup \left\{ (x,t) : t < T_1, x > \frac{t(\mu_1 + \mu_2)}{2} + \frac{\sigma^2 \log \frac{3c\varphi_2}{2b\varphi_1}}{\mu_1 - \mu_2} \right\} \quad (6.31)$$

那么，如果当 (x,t) 在区域 R_1 里时，$G(x,t)$ 等于第二项

$$G(x,t) = H(x,t)\left(-be^{\frac{x\mu_1}{\sigma^2} - \frac{t\mu_1^2}{2\sigma^2}} \varphi_1 + 2ce^{\frac{x\mu_2}{\sigma^2} - \frac{t\mu_2^2}{2\sigma^2}} \varphi_2 + a \right) \quad (6.32)$$

那么区域 R_2 为

$$R_2 = \left\{(x,t): t \geq T_1, x < \frac{t\mu_2}{2} + \frac{\sigma^2 \log\frac{2a}{3c\varphi_2}}{\mu_1}\right\}$$

$$\cup \left\{(x,t): t < T_1, x > \frac{t(\mu_1 + \mu_2)}{2} + \frac{\sigma^2 \log\frac{3c\varphi_2}{2b\varphi_1}}{\mu_1 - \mu_2}\right\}$$
（6.33）

如果 (x,t) 在区域 R_2，$G(x,t)$

$$G(x,t) = H(x,t)\left(a + be^{\frac{x\mu_1}{\sigma^2} - \frac{t\mu_1^2}{2\sigma^2}}\varphi_1 - ce^{\frac{x\mu_2}{\sigma^2} - \frac{t\mu_2^2}{2\sigma^2}}\varphi_2\right)$$
（6.34）

其中 T_1 满足

$$T_1 = \frac{2\left(-\mu_2\sigma^2 \log\frac{a}{b\varphi_1} + \mu_1\sigma^2 \log\frac{2a}{3c\varphi 2}\right)}{\mu_1\mu_2(\mu_1 - \mu_2)}$$
（6.35）

很容易可以得到三个区域的分界线

$$l_1(t) = \frac{t\mu_1}{2} + \frac{\sigma^2 \log\frac{a}{b\varphi_1}}{\mu_1}$$

$$l_2(t) = \frac{t\mu_2}{2} + \frac{\sigma^2 \log\frac{2a}{3c\varphi_2}}{\mu_2}$$
（6.36）

$$l_0(t) = \frac{t(\mu_1 + \mu_2)}{2} + \frac{\sigma^2 \log\frac{3c\varphi_2}{2b\varphi_1}}{\mu_1 - \mu_2}$$

将伊藤公式应用于函数 $G(x,t)$，注意到 $\frac{\partial G}{\partial x}$ 在区域间的分界线上趋于无穷大，所以 $G(x,t)$ 的表达式为

$$G(X_\tau, \tau) = G(0,0) + \int_0^\tau L_{x,s} G(X_s, s) I(X_s \neq I_0(s), X_s \neq I_1(s), X_s \neq I_2(s)) ds +$$

$$\int_0^\tau \frac{\partial G(X_s, s)}{\partial x} I(X_s \neq I_0(s), X_s \neq I_1(s), X_s \neq I_2(s)) d\bar{B}_s +$$

$$\frac{1}{2}\int_0^{\tau \wedge T_1}\left[\frac{\partial G^+}{\partial x}(X_s, s) - \frac{\partial G^-}{\partial x}(X_s, s)\right] I(X_s = I_0(s)) dL_s^{l_0} +$$

$$\frac{1}{2}\int_{\tau\wedge T_1}^{\tau}\left[\frac{\partial G^+}{\partial x}(X_s,s)-\frac{\partial G^-}{\partial x}(X_s,s)\right]I(X_s=l_1(s))\mathrm{d}L_s^{l_1}+$$

$$\frac{1}{2}\int_{\tau\wedge T_1}^{\tau}\left[\frac{\partial G^+}{\partial x}(X_s,s)-\frac{\partial G^-}{\partial x}(X_s,s)\right]I(X_s=l_2(s))\mathrm{d}L_s^{l_2}$$

(6.37)

其中 $L_s^{l_i}$ 表示在分界线 $l_i(t)$ 上的局部时间。可以注意到上式第一个积分等于 0，第二个积分为伊藤积分，当取期望后也等于 0。后面三个积分都可以表示成类似的形式

$$\frac{\partial G^+}{\partial x}(X_s=l_0(s),s)-\frac{\partial G^-}{\partial x}(X_s=l_0(s),s)=(3c\varphi_2)^{\frac{\mu_1}{\mu_1-\mu_2}}(2b\varphi_1)^{\frac{-\mu_2}{\mu_1-\mu_2}}Q_0(s)/M \quad (6.38)$$

其中

$$M=1+\left(\left(3\frac{c}{2}b\right)^{\frac{\mu_1}{(\mu_1-\mu_2)}}+\left(3\frac{c}{2}b\right)^{\frac{\mu_2}{(\mu_1-\mu_2)}}\right)\varphi_2^{\frac{\mu_1}{\mu_1-\mu_2}}\varphi_1^{\frac{-\mu_2}{\mu_1-\mu_2}}Q_0(s),$$

(6.39)

$$Q_0(t)=\mathrm{e}^{\frac{1}{2}t\mu_1\mu_2}$$

同理可得

$$\frac{\partial G^+}{\partial x}(X_s=l_1(s),s)-\frac{\partial G^-}{\partial x}(X_s=l_1(s),s)=2ab\mu_1\Big/\left(a+b+b\left(\frac{a}{b\varphi_1}\right)^{\frac{\mu_2}{\mu_1}}\varphi_2Q_1(s)\right)$$

(6.40)

$$Q_1(t)=\mathrm{e}^{\frac{t\mu_2(\mu_1-\mu_2)}{2}}$$

以及

$$\frac{\partial G^+}{\partial x}(X_s=l_2(s),s)-\frac{\partial G^-}{\partial x}(X_s=l_2(s),s)$$

$$=6ac\mu_2\Big/\left(2a+3c+3c\left(\frac{2a}{3c\varphi_2}\right)^{\frac{\mu_1}{\mu_2}}\varphi_1Q_2(s)\right)$$

(6.41)

$$Q_2(t)=\mathrm{e}^{\frac{t\mu_1(\mu_2-\mu_1)}{2}}$$

6.6.2 定理 6.2.2 证明

考虑最优停时问题（6.17）

$$S(x,t) = \sup_{\tau} E^{x,t}[Y(\tau) - r(\tau-t)],$$
$$Y(t) = \frac{1}{2}\int_0^{t \wedge T_1} Y_0(s) \mathrm{d}L_s^{l_0} + \frac{1}{2}\int_{t \wedge T}^{\tau} Y_1(s) \mathrm{d}L_s^{l_1} + \frac{1}{2}\int_{t \wedge T}^{\tau} Y_2(s) \mathrm{d}L_s^{l_2} \quad (6.42)$$

由于随机过程 $X(t)$ 只会在函数 l_0，l_1 和 l_2 中的某一个函数附近，因此 $\{L_s^{l_i}\}_{i=1,2,3}$ 在同一时刻只有一个局部时间不等于 0。所以，为了简化问题，可以先只考虑在函数 $l_2(t)$ 附近的情况，那么优化问题可以表示为

$$S_2(x,t) = \sup_{\tau} E^{x,t}\left[\frac{1}{2}\int_{t \wedge T_1}^{\tau} Y_2(s) \mathrm{d}L_s^{l_2} - r(\tau-t)\right] \quad (6.43)$$

注意到当 $s > t$ 时

$$\frac{6ac\mu_2}{2a+3c+3c\left(\frac{2a}{3c\varphi_2}\right)^{\frac{\mu_1}{\mu_2}}\varphi_1 Q_2(t)} \leq \frac{6ac\mu_2}{2a+3c+3c\left(\frac{2a}{3c\varphi_2}\right)^{\frac{\mu_1}{\mu_2}}\varphi_1 Q_2(s)} \leq \frac{6ac\mu_2}{2a+3c}$$
$$(6.44)$$

所以可以不妨令 $h(t) = 3c\left(\frac{2a}{3c\varphi_2}\right)^{\frac{\mu_1}{\mu_2}}\varphi_1 Q_2(t)$，那么上式可以表示为

$$\sup_{\tau} E^{x,t}\left[\frac{6ac\mu_2 L_\tau^{l_2}(t)}{2a+3c+h(t)} - r(\tau-t)\right] \leq S_2(x,t)$$
$$\leq \sup_{\tau} E^{x,t}\left[\frac{6ac\mu_2 L_\tau^{l_2}(t)}{2a+3c} - r(\tau-t)\right] \quad (6.45)$$

其中

$$L_\tau^{l_2}(t) = |X_\tau - l_2(\tau)| - |X_t - l_2(t)| - \int_t^{\tau} \operatorname{sgn}(X_s - l_2(s)) \mathrm{d}X_s \quad (6.46)$$

那么可以将最优停时问题（6.43）近似看作如下优化问题

$$H(x,t;r) = \sup_{\tau} E^{x,t}\left[L_\tau^{l_2}(t) - r(\tau-t)\right] \quad (6.47)$$

注意到

$$\frac{6ac\mu_2}{2a+3c+h(t)} H\left(x,t;\frac{(2a+3c+h(t))r}{6ac\mu_2}\right) \leqslant S_2(x,t)$$
$$\leqslant \frac{6ac\mu_2}{2a+3c} H\left(x,t;\frac{(2a+3c)r}{6ac\mu_2}\right) \quad (6.48)$$

那么当 $t \to \infty$ 时，$h(t) \to 0$，所以最优停时问题（6.43）可以用 $H(x,t;r)$ 来近似表示。但是，对于 $H(x,t;r)$ 而言，最优停时问题的时间依然不一致，为了解决这一问题，可以定义新的过程 $\tilde{X}_t = X_t - l_2(t)$，其满足随机微分方程

$$d\tilde{X}_t = \tilde{A}(\tilde{X}_t, t)dt + d\bar{B}_t \quad (6.49)$$

其中

$$\tilde{A}(x,t) = A(x+l_2(t),t) - \frac{\mu_2}{2} \quad (6.50)$$

$\bar{B}_t$ 是标准布朗运动。因此最优停时问题的值函数 $H(x,t;r)$ 可以转变为

$$\tilde{H}(x,t;r) = \sup_{\tau} E^{x,t}[L_\tau^0(\tilde{X}) - r(\tau-t)] \quad (6.51)$$

那么相应的持续区域和最优停止区域的形状满足如下条件

$$\tilde{C} = \left\{(x,t): \tilde{f}^-(t) \leqslant x \leqslant \tilde{f}^+(t)\right\} \quad (6.52)$$

但是 $\tilde{H}(x,t;r)$ 的表达式中依然有时间变量 t，为了将时间变量消掉，引入过程 $\tilde{X}^\epsilon$

$$d\tilde{X}_t^\epsilon = \tilde{A}^\epsilon(\tilde{X}_t^\epsilon)dt + d\bar{B}_t \quad (6.53)$$

其中

$$\tilde{A}^\epsilon(x) = \frac{\mu_2 \frac{2a}{3c} e^{\frac{\mu_2 x}{\sigma^2}}}{1+\frac{2a}{3c}e^{\frac{\mu_2 x}{\sigma^2}}} - \frac{\mu_2}{2} - \epsilon \operatorname{sgn} x \quad (6.54)$$

便得到时间一致的最优停时问题

$$\tilde{H}^\epsilon(x,t;r) = \sup_{\tau} E^{x,t}[L_\tau^0(\tilde{X}_\tau^\epsilon) - r\tau] \quad (6.55)$$

如果

$$\epsilon = \epsilon_1 = \varphi_1 \left(\frac{2a}{3c\varphi_2}\right)^{\frac{\mu_1}{\mu_2}} \frac{\mu_2 - \mu_1}{2} e^{\frac{\mu_1(\mu_2-\mu_1)T}{2\sigma^2}} \qquad (6.56)$$

最优停时问题的持续边界函数就是 $\tilde{f}_{\epsilon_1}^-(t)$ 和 $\tilde{f}_{\epsilon_1}^+(t)$，日特鲁欣和谢里亚夫（Zhitlukhin and Shiryaev，2011）证明了其表达式满足

$$\begin{aligned}\tilde{f}_{\epsilon_1}^-(t) &= -\tilde{B} + o(\epsilon_1), \\ \tilde{f}_{\epsilon_1}^+(t) &= \tilde{B} + o(\epsilon_1)\end{aligned} \qquad (6.57)$$

$\tilde{B}$ 满足方程

$$\frac{1}{\left(1+\frac{2a}{3c}\right)^2}\left[-\frac{\sigma^2}{\mu_1}\left(e^{-\frac{\mu_2 \tilde{B}}{\sigma^2}}-1\right)+\frac{4a}{c}B+\frac{4a^2\sigma^2}{9\mu_1 c^2}\left(e^{\frac{\mu_2 \tilde{B}}{\sigma^2}}-1\right)\right]=\frac{\sigma^2}{2r} \qquad (6.58)$$

同时，由于

$$\tilde{A}^{\epsilon_1}(x) < \tilde{A}(x,t) \qquad (6.59)$$

可以很自然得到

$$\tilde{f}^-(t) \geqslant \tilde{f}_{\epsilon_1}^-(t), \tilde{f}^+(t) \leqslant \tilde{f}_{\epsilon_1}^+(t) \qquad (6.60)$$

那么同理当 $\epsilon = \epsilon_2 = -\varphi_1 \left(\frac{2a}{3c\varphi_2}\right)^{\frac{\mu_1}{\mu_2}} \frac{\mu_2 - \mu_1}{2} e^{\frac{\mu_1(\mu_2-\mu_1)T}{2\sigma^2}}$，有 $\tilde{A}^{\epsilon_2}(x) > \tilde{A}(x,t)$，进而可以

得到

$$\begin{aligned}\tilde{f}^-(t) &\leqslant \tilde{f}_{\epsilon_2}^-(t), \tilde{f}^+(t) \geqslant \tilde{f}_{\epsilon_1}^+(t), \\ \tilde{f}_{\epsilon_2}^-(t) &= -\tilde{B} + o(\epsilon_2), \tilde{f}_{\epsilon_2}^+(t) = \tilde{B} + o(\epsilon_2)\end{aligned} \qquad (6.61)$$

因此，可以得到

$$\tilde{f}^-(t) = -\tilde{B} + o\left(e^{\frac{\mu_1(\mu_2-\mu_1)T}{2\sigma^2}}\right), \tilde{f}^+(t) = \tilde{B} + o\left(e^{\frac{\mu_1(\mu_2-\mu_1)T}{2\sigma^2}}\right) \qquad (6.62)$$

那么定理 6.2.2 中最优停时问题，其相应的停止区域的边界函数便是

$$f_2^-(t) = l_2(t) - B_2 + o\left(e^{\frac{\mu_1(\mu_2-\mu_1)t}{2\sigma^2}}\right),$$

$$f_2^+(t) = l_2(t) - B_2 + o\left(e^{\frac{\mu_1(\mu_2-\mu_1)t}{2\sigma^2}}\right)$$

(6.63)

同理可得函数 $l_1(t)$ 附近的情况类似。

第 7 章 结论与展望

7.1 研究结论

投资决策离不开资产的相关信息,但是在动态变化及充满噪声的市场环境下,掌握资产的完全信息通常难以实现。市场参与者面临的许多投资都需要在不完全信息的情况下来进行决策。然而,在不完全信息下,投资者通常会面临两难选择,一方面需要花费时间收集信息,以降低决策错误的概率,但有可能错过合适的时机;另一方面需要尽快决策把握投资机会,但会承受较高的犯错概率。本书为了研究投资者应该如何权衡,运用随机无序模型从三个方面分析了在不完全信息下的最优决策。

第一,分析判断高频数据下股价趋势的变化及相应的投资策略。本书构建并求解了带跳跃的随机无序模型,得到了统计量和相应的最优停止边界。投资者能够根据观测到的股票价格数据逐点计算出统计量,并与最优停止边界相比较。如果统计量首次超过了边界,就意味着股价趋势已经发生改变。模拟研究的结果表明,漂移项系数越大,股价跳跃越频繁、跳跃幅度越大,越容易识别出趋势的变化,而如果股价的波动项系数越大,那么识别起来就越困难。实证结果显示,随机无序模型在投资实践中具有较高的准确率,基于该模型的趋势跟踪策略在沪深300、中证500和上证50等资产上都能够取得显著的超额收益。

第二,研究极端风险事件出现的频率和极值分布的变化。极端风险所造成的损失不仅取决于风险的大小,也取决于风险发生的次数。本书假设极端风险出现的计数过程服从泊松过程，然后构建了基于泊松过程的随机无序模型来分析风险事件发生频率的变化。针对不同的市场情形，本书分析了对应的最优决策方法。并且数值分析的结果表明当投资者预期频率变化前后相差较大时，识别变点的难度也越高。而投资者的时间成本越高，越倾向于尽早判断频率变化。在实证研究中，本书比较了频率变化前极值概率分布的变化。如果极端风险的频率升高，那么极值概率分布会呈现尖峰右偏的特征，在险价值也随之提高。对备择假设参数的检验结果表明，投资者预期的变化会影响到模型的识别结果，但是影响有限。

第三，探究股票价格波动与企业投资决策之间的关系。企业管理者可以从公司股价的变化中获取信息进而影响公司决策，但是公司股价会受到市场噪声的干扰。随机无序模型分析了管理者的决策过程，如果公司股价收益率的方差相对较高，企业的管理者会较难从股价波动中获取具有价值的信息。同时，如果三种类型投资决策中某一项的预期收益较高，那么管理者会倾向于承受较高的犯错风险而选择该项投资决策。在本书的实证研究中，以公司定向增发股票融资作为扩大生产经营规模的标志，在预案公告前，公司股价都出现了一定程度的上涨，并且累计超额收益大于零。而对于那些股价上涨幅度进入到随机无序模型停止区域的公司而言，公告之后一年的股票涨跌幅显著高于其他公司，为反馈效应和市场择时的研究提供了另一种角度与思考方向。

7.2 启示与展望

运用随机无序模型研究不完全信息下的决策问题，能够较好地将犯错成本和时滞成本综合分析，十分贴近需要实时做出决策的真实情况。并且，随机无序模型的决策结果基于严格的数学理论与模型推导，在决策准确率和及时性上均优于主观判断和经验方法。因此，在金融领域，随机无序模型有许多应用场景，除了本书所叙述的投资决策问题外，也能够用来构造新的监控指标，实时检测市场的运行状况,及时发现市场异象作出预警,或者是应用于信用分析,探究信用评级的变化。

但是随机无序模型在某些情形下也存在一定的局限性。首先,求解模型需要较为复杂的数学推导,并且只在少数情况下存在解析解,大多数时候只能运用数值分析研究解的性质。其次,随机无序模型的表现和模型参数的关联度较高,如果在实践运用中参数估计不够准确,那么模型则会有较大偏误。最后,随机无序模型在识别变点的时候,需要假设变化后的概率分布,是参数型方法。但是在金融领域中,投资者难以对未来的变化并作出较为准确的假设,因此增加了随机无序模型在投资实践中的难度。

未来应进一步加深对随机无序模型与不完全信息下投资决策的研究,将随机无序模型中的犯错成本和时滞成本与行为经济学与效用函数进行联系,以解释投资者的非理性投资行为和市场上的异象。同时,将随机无序模型运用于更符合市场规律的分数布朗运动应会得到更具有实践意义的结果。

参 考 文 献

陈康，刘琦．2018．股价信息含量与投资-股价敏感性——基于融资融券的准自然实验[J]．金融研究，459（9）：126-142．

陈浪南，杨科．2013．中国股市高频波动率的特征，预测模型以及预测精度比较[J]．系统工程理论与实践，33（2）：296-307．

戴洁，武康平．2002．中国股票市场技术分析预测力的实证研究[J]．数量经济技术经济研究，（4）：99-102．

方立兵，曾勇，郭炳伸．2011．动量策略，反转策略及其收益率的高阶矩风险[J]．系统工程，29（2）：9-20．

傅强，邢琳琳．2009．基于极值理论和 Copula 函数的条件 VaR 计算[J]．系统工程学报，24（5）：531-537．

高秋明，胡聪慧，燕翔．2014．中国 A 股市场动量效应的特征和形成机理研究[J]．财经研究，4（2）．

高莹，周鑫，金秀．2008．GARCH-EVT 模型在动态 VaR 中的应用[J]．东北大学学报（自然科学版），29（4）：601-604．

苟红军，陈迅，花拥军．2015．基于 GARCH-EVT-COPULA 模型的外汇投资组合风险度量研究[J]．管理工程学报，（1）：183-193．

郭磊，吴冲锋，刘海龙．2007．基于收益分解的股票市场动量效应国际比较[J]．系统管理学报，16（2）：189-93．

郭晓亭．2006．中国证券投资基金市场波动特征实证研究[J]．中国管理科学，（1）：15-20．

贺云龙，皮天雷．2006．惯性，反转与过度反应[J]．统计与决策，（8）：104．

侯守国，张世英．2006．基于小波分析的中国股市高频长记忆研究[J]．统计与决策，（2）：9-11．

胡志强，卓琳玲．2008．IPO 市场时机选择与资本结构关系研究——基于中国上市公司面板数据的实证研究[J]．金融研究，（10）：136-149．

黄卫华. 2015. 动量交易策略及我国股票市场实证分析 [J]. 财经理论与实践, 36 (2): 46-52.

金登贵. 2005. 中国证券市场高频数据分布特征研究 [J]. 统计与决策, (3): 19-22.

刘澜飚, 李贡敏. 2005. 市场择时理论的中国适用性——基于 1998—2003 年上市公司的实证分析 [J]. 财经研究, 31 (11): 17-28.

柳会珍, 顾岚. 2005. 股票收益率分布的尾部行为研究 [J]. 系统工程, (2): 74-77.

马超群, 张浩. 2005. 中国股市价格惯性反转与风险补偿的实证研究 [J]. 管理工程学报, 19 (2): 64-69.

牛彦秀, 吉玖男. 2014. 上市公司股权再融资的市场时机选择实证研究 [J]. 经济与管理评论, 30 (4): 108-15.

潘莉, 徐建国. 2011. A 股个股回报率的惯性与反转 [J]. 金融研究, (1): 149-166.

攀登, 施东晖, 曹敏. 2003. 中国个人投资者采用股价趋势交易策略的经验研究 [J]. 世界经济, 26 (11): 71-77.

谭磊. 2017. 趋势跟踪类策略的内在逻辑 [J]. 当代经济, (6): 144-45.

谭小芬, 林雨菲. 2012. 中国 A 股市场动量效应和反转效应的实证研究及其理论解释 [J]. 中国软科学, (8): 45-57.

陶利斌, 方兆本, 潘婉彬. 2004. 中国股市高频数据中的周期性和长记忆性 [J]. 系统工程理论与实践, 24 (6): 26-32.

王庆宗. 2010. 移动平均线建构动量策略研究 [J]. 河南科技, (7): 35-36.

王永宏, 赵学军. 2001. 中国股市"惯性策略"和"反转策略"的实证分析 [J]. 经济研究, 6 (3): 56-89.

魏宇. 2008. 股票市场的极值风险测度及后验分析研究 [J]. 管理科学学报, 11 (1): 78-88.

杨湘豫, 崔迎媛. 2009. 基于 Copula-GARCH-EVT 的中国开放式基金投资组合风险度量 [J]. 财经理论与实践, 30 (5): 43-46.

杨炘, 陈展辉. 2004. 中国股票市场惯性和反转投资策略实证研究 [J]. 清华大学学报: 自然科学版, 44 (6): 758-761.

于丽峰, 唐涯, 徐建国. 2014. 融资约束, 股价信息含量与投资-股价敏感性 [J]. 金融研究, (11): 159-174.

余瑜,王建琼. 2014. 基于中国资本市场特性的市场时机理论拓展研究[J]. 经济体制改革, (2): 148-152.

周孝华,张保帅,董耀武. 2012. 基于 Copula-SV-GPD 模型的投资组合风险度量[J]. 管理科学学报, (12): 74-82.

朱武祥. 2002. 企业融资行业与资本结构研究的新发展及启示[J]. 证券市场导报, (8): 50-53.

ALTI A, 2005. IPO market timing [J]. The Review of Financial Studies, 18 (3): 1105-1138.

ANDERSEN T G, BOLLERSLEV T, DIEBOLD F X, et al., 2003. Modeling and forecasting realized volatility [J]. Econometrica, 71 (2): 579-625.

ANDERSSON E, BOCK D, FRISÉN M, 2003. Detection of turning points in business cycles [J]. Journal of Business Cycle Measurement and Analysis, 2004 (1): 93-108.

ARTZNER P, et al., 1999. Coherent measures of risk[J]. Mathematical Finance, 9(3): 203-228.

BAKER M, WURGLER J, 2002. Market timing and capital structure [J]. The Journal of Finance, 57 (1): 1-32.

BARBERIS N, SHLEIFER A, VISHNY R, 1998. A model of investor sentiment [J]. Journal of Financial Economics, 49 (3): 307-343.

BARNDORFF-NIELSEN O E, SHEPHARD N, 2001. Non-gaussian ornstein–uhlenbeck based models and some of their uses in financial economics [J]. Journal of the Royal Statistical Society: Series B (Statistical Methodology), 63 (2): 167-241.

BARROSO P, SANTA-CLARA P, 2015. Momentum has its moments [J]. Journal of Financial Economics, 116 (1): 111-120.

BAYRAM M, ORUCOVA B G, PARTAL T, 2018. Parameter estimation in a black scholes [J]. Thermal Science, 22 (Suppl. 1): 117-122.

BEKIROS S D, GEORGOUTSOS D A, 2005. Estimation of value-at-risk by extreme value and conventional methods: a comparative evaluation of their predictive performance [J]. Journal of International Financial Markets, Institutions and Money, 15 (3): 209-228.

BENNETT B, STULZ R, WANG Z, 2020. Does the stock market make firms more productive? [J]. Journal of Financial Economics, 136 (2): 281-306.

BHATTACHARYYA M, RITOLIA G, 2008. Conditional var using evt-towards a planned margin scheme [J]. International Review of Financial Analysis, 17 (2): 382-395.

BLACK F, 1986. Noise [J]. The Journal of Finance, 41 (3): 528-543.

BLACK F, SCHOLES M, 1973. The pricing of options and corporate liabilities[J]. Journal of Political Economy, 81 (3): 637-654.

BOLLERSLEV T, TODOROV V, 2011. Tails, fears, and risk premia [J]. The Journal of Finance, 66 (6): 2165-2211.

BOLTON P, CHEN H, WANG N, 2013. Market timing, investment, and risk management [J]. Journal of Financial Economics, 109 (1): 40-62.

BROWN M, 2009. Detecting changes in a poisson process monitored at unequal discrete time intervals[J]. Communications in Statistics Theory and Methods, 38(16-17): 2721-2732.

BURNAEV E V, 2009. Disorder problem for poisson process in generalized bayesian setting [J]. Theory of Probability & Its Applications, 53 (3): 500-518.

CHAN L K, JEGADEESH N, LAKONISHOK J, 1996. Momentum strategies [J]. The Journal of Finance, 51 (5): 1681-1713.

CHEN Q, GOLDSTEIN I, JIANG W, 2007. Price informativeness and investment sensitivity to stock price [J]. The Review of Financial Studies, 20 (3): 619-650.

CHERNOYAROV O V, KUTOYANTS Y A, 2017. On multiple change-point estimation for poisson process [J]. Communications in Statistics-theory and Methods, 47 (5): 1215-1233.

CHORDIA T, SHIVAKUMAR L, 2002. Momentum, business cycle, and time-varying expected returns [J]. The Journal of Finance, 57 (2): 985-1019.

COOPER M J, GUTIERREZ Jr R C, Hameed A, 2004. Market states and momentum[J]. The Journal of Finance, 59 (3): 1345-1365.

DAI M, ZHANG Q, ZHU Q J, 2010. Trend following trading under a regime switching model [J]. SIAM Journal on Financial Mathematics, 1 (1): 780-810.

DANIEL K, MOSKOWITZ T J, 2016. Momentum crashes [J]. Journal of Financial Economics, 122 (2): 221-247.

DANIEL K D, HIRSHLEIFER D, SUBRAHMANYAM A, 2001. Overconfidence, arbitrage, and equilibrium asset pricing [J]. The Journal of Finance, 56 (3): 921-965.

DAVISON A C, SMITH R L, 1990. Models for exceedances over high thresholds[J]. Journal of the Royal Statistical Society: Series B (Methodological), 52 (3): 393-425.

DAYANIK S, 2010. Compound poisson disorder problems with nonlinear detection delay penalty cost functions [J]. Sequential Analysis, 29 (2): 193-216.

DE BONDT W F, THALER R, 1985. Does the stock market overreact? [J]. The Journal of Finance, 40 (3): 793-805.

DELLAVIGNA S, POLLET J M, 2013. Capital budgeting versus market timing: An evaluation using demographics [J]. The Journal of Finance, 68 (1): 237-270.

DOW D A, DOW G J, MILLS O H, 1997. Formulation development of modern dermatologicals [J]. Journal of Investigative Dermatology, 4 (108): 674.

DOW J, GORTON G, 1997. Stock market efficiency and economic efficiency: Is there a connection? [J]. The Journal of Finance, 52 (3): 1087-1129.

DU W, POLUNCHENKO A S, SOKOLOV G, 2015. On robustness of the shiryaev-roberts procedure for quickest change-point detection under parameter misspecification in the post-change distribution [J]. Communications in Statistics - Simulation and Computation, 46 (3): 2185-2206.

DUFFIE D, PAN J, 1997. An overview of value at risk [J]. Journal of Derivatives, 4 (3): 7-49.

DURNEV A, MORCK R, YEUNG B, 2001. Does firm-specific information in stock prices guide capital allocation? [J]. National Bureau of Economic Research: 8093.

DURNEV A, et al., 2003. Does greater firm-specific return variation mean more or less informed stock pricing? [J]. Journal of Accounting Research, 41 (5): 797-836.

DYE R A, SRIDHAR S, 2002. Resource allocation effects of price reactions to disclosures[J]. Contemporary Accounting Research, 19 (3): 385-410.

ELLIOTT W B, KOËTER-KANT J, WARR R S, 2007. A valuation-based test of market timing [J]. Journal of Corporate Finance, 13 (1): 112-128.

EMBRECHTS P, RESNICK S I, SAMORODNITSKY G, 1999. Extreme value theory as a risk management tool [J]. North American Actuarial Journal, 3 (2): 30-41.

ENGLE R F, MANGANELLI S, 2004. Conditional autoregressive value at risk by regression quantiles [J]. Journal of Business & Economic Statistics, 22 (4): 367-381.

FAMA E F，MILLER M H，1972. The theory of finance［M］. New York: Holt Rinehart& Winston.

FELLER W，1957. An introduction to probability theory and its applications［M］. New York: Wiley.

FERNANDEZ V，2005. Risk management under extreme events［J］. International Review of Financial Analysis，14（2）：113-148.

FIFIELD S，POWER D M，KNIPE D，2008. The performance of moving average rules in emerging stock markets［J］. Applied Financial Economics，18（19）：1515-1532.

FISCHER S，MERON R C，1984. Macroeconomics and finance: The role of the stock marke［M］. Cambridge: National Bureau of Economic Research.

FISHER R A，TIPPETT L H C，1928. Limiting forms of the frequency distribution of the largest or smallest member of a sample［J］. Mathematical Proceedings of the Cambridge Philosophical Society，24（2）.

FÖLLMER H，SCHIED A，2016. Stochastic finance［M］. BerLin: de Gruyter.

FRISÉN M，2011. Methods and evaluations for surveillance in industry，business，finance，and public health［J］. Quality and Reliability Engineering International，27（5）：611-621.

GAO Y，GUO B，XIONG X，2021. Signed momentum in the chinese stock market［J］. Pacific-Basin Finance Journal，68: 101433.

GENCAY R，SELÇUK F，2004. Extreme value theory and value-at-risk: Relative performance in emerging markets［J］. International Journal of Forecasting，20（2）：287-303.

GHARAIBEH O，2021. Momentum effect in the oman stock market over the period of 2005-2018［J］. Journal of Asian Finance，Economics and Business，8（2）：711-724.

GLASSERMAN P，HEIDELBERGER P，SHAHABUDDIN P，2002. Portfolio value-at-risk with heavy-tailed risk factors［J］. Mathematical Finance，12（3）：239-269.

GOEL G，et al.，2021. Economic policy uncertainty and stock return momentum［J］. Journal of Risk and Financial Management，14（4）：141.

GOLDBERG Y，et al.，2017. Change-point detection for infinite horizon dynamic treatment regimes［J］. Statistical Methods in Medical Research，26（4）：1590-1604.

GOYAL A, JEGADEESH N, 2018. Cross-sectional and time-series tests of return predictability: What is the difference? [J]. The Review of Financial Studies, 31 (5): 1784-1824.

GRAHAM J R, HARVEY C R, 2001. The theory and practice of corporate finance: Evidence from the field [J]. Journal of Financial Economics, 60 (2-3): 187-243.

GRINBLATT M, TITMAN S, WERMERS R, 1995. Momentum investment strategies, portfolio performance, and herding: A study of mutual fund behavior [J]. The American Economic Review: 1088-1105.

GRUNDY B D, MARTIN J S M, 2001. Understanding the nature of the risks and the source of the rewards to momentum investing [J]. The Review of Financial Studies, 14 (1): 29-78.

GUO X, ZHANG Q, 2005. Optimal selling rules in a regime switching model [J]. IEEE Transactions on Automatic Control, 50 (9): 1450-1455.

HARTZ C, MITTNIK S, PAOLELLA M, 2006. Accurate value-at-risk forecasting based on the normal-garch model [J]. Computational Statistics & Data Analysis, 51 (4): 2295-2312.

HAYEK F A, 1945. The use of knowledge in society [J]. The American Economic Review, 35 (4): 519-530.

HE X Z, LI K, 2015. Profitability of time series momentum [J]. Journal of Banking & Finance, 53: 140-157.

HIRSCHEY M, 2003. Extreme return reversal in the stock market [J]. The Journal of Portfolio Management, 29 (3): 78-90.

HOTTA L K, LUCAS E C, PALARO H P, 2008. Estimation of var using copula and extreme value theory [J]. Multinational Finance Journal, 12 (3/4): 205-218.

HOVAKIMIAN A, 2006. Are observed capital structures determined by equity market timing? [J]. Journal of Financial and Quantitative analysis, 41 (1): 221-243.

HUANG D, et al., 2020. Time series momentum: Is it there? [J]. Journal of Financial Economics, 135 (3): 774-794.

JEGADEESH N, TITMAN S, 1993. Returns to buying winners and selling losers: Implications for stock market efficiency [J]. The Journal of Finance, 48 (1): 65-91.

JEGADEESH N, TITMAN S, 2001. Profitability of momentum strategies: An evaluation of alternative explanations [J]. The Journal of Finance, 56 (2): 699-720.

JENTER D, 2005. Market timing and managerial portfolio decisions [J]. The Journal of Finance, 60 (4): 1903-1949.

JORION P, 1996. Risk2: Measuring the risk in value at risk [J]. Financial Analysts Journal, 52 (6): 47-56.

KAYHAN A, TITMAN S, 2007. Firms'histories and their capital structures [J]. Journal of Financial Economics, 83 (1): 1-32.

KUESTER K, MITTNIK S, PAOLELLA M S, 2006. Value-at-risk prediction: A comparison of alternative strategies [J]. Journal of Financial Econometrics, 4 (1): 53-89.

KYLE A S, 1985. Continuous auctions and insider trading [J]. Econometrica: Journal of the Econometric Society: 1315-1335.

LEADBETTER M R, LINDGREN G, ROOTZÉN H, 2012. Extremes and related properties of random sequences and processes [M]. Brerlin: Springer Science & Business Media.

LEE C M, SWAMINATHAN B, 2000. Price momentum and trading volume [J]. The Journal of Finance, 55 (5): 2017-2069.

LEWELLEN J, SHANKEN J, 2002. Learning, asset pricing tests, and market efficiency [J]. The Journal of Finance, 57 (3): 1113-1145.

LI J, TODOROV V, TAUCHEN G, 2017. Jump regressions[J]. Econometrica, 85(1): 173-195.

LI J, 2020. The momentum and reversal effects of investor sentiment on stock prices [J]. The North American Journal of Economics and Finance, (54): 101263.

LI Y, Liang C, Huynh T L D, 2022. A new momentum measurement in the chinese stock market [J]. Pacific-Basin Finance Journal, (73): 101759.

LI Y, et al., 2020. Does intraday time-series momentum exist in Chinese stock index futures market? [J]. Finance Research Letters, (35): 101292.

LI Y, et al., 2021. Is the long memory factor important for extending the fama and french five-factor model: Evidence from china [J]. Mathematical Problems in Engineering, (1): 7.

LØKKA A, ZERVOS M, 2013. Long-term optimal investment strategies in the presence of adjustment costs [J]. SIAM Journal on Control and Optimization, 51 (2): 996-1034.

LONGIN F M, 2000. From value at risk to stress testing: The extreme value approach[J]. Journal of Banking & Finance, 24 (7): 1097-1130.

LUO Y, 2005. Do insiders learn from outsiders? evidence from mergers and acquisitions[J]. The Journal of Finance, 60 (4): 1951-1982.

MAHAJAN A, TARTAROGLU S, 2008. Equity market timing and capital structure: International evidence [J]. Journal of Banking & Finance, 32 (5): 754-766.

MALIN M, BORNHOLT G, 2013. Long-term return reversal: Evidence from international market indices[J]. Journal of International Financial Markets, Institutions and Money, (25): 1-17.

MANCINI C, 2001. Disentangling the jumps of the diffusion in a geometric jumping brownian motion [J]. Giornale dell'Istituto Italiano degli Attuari, 64 (44): 19-47.

MANCINI C, 2009. Nonparametric threshold estimation for models with stochastic diffusion coefficient and jumps [J]. Scandinavian Journal of Statistics, 36 (2): 270-296.

MARKOWITZ H M, 1968. Portfolio selection [M]. New Haren: Yale University Press.

MARTIROSYAN A, SIMONIAN J, 2021. Emerging market stock momentum returns during us economic regimes [J]. The Journal of Portfolio Management, 47 (7): 27-45.

MCNEIL A J, FREY R, 2000. Estimation of tail-related risk measures for heteroscedastic financial time series: an extreme value approach[J]. Journal of Empirical Finance, 7(3-4): 271-300.

MCNEIL A J, FREY R, EMBRECHTS P, 2015. Quantitative risk management: concepts, techniques and tools-revised edition [M]. Princeton: Princeton University Press.

MERTON R C, 1975. Stochastic optimization models in finance [M]. Cambridge: Academic Press.

MEVORACH Y, POLLAK M, 1991. A small sample size comparison of the cusum and shiryayev-roberts approaches: Changepoint detection [J]. American Journal of Mathematical & Management ences, 11 (3-4): 277-298.

MOSKOWITZ T J, GRINBLATT M, 1999. Do industries explain momentum? [J]. The Journal of Finance, 54 (4): 1249-1290.

MOSKOWITZ T J, OOI Y H, PEDERSEN L H, 2012. Time series momentum [J]. Journal of Financial Economics, 104 (2): 228-250.

MOUSTAKIDES G V, 1986. Optimal stopping times for detecting changes in distributions [J]. The Annals of Statistics, 14 (4): 1379-1387.

MOUSTAKIDES G V, Polunchenko A S, Tartakovsky A G, 2009. A numerical approach to performance analysis of quickest change-point detection procedures [J]. Statisticsca Sinica: 571-596.

NGUYEN D, TIE J, ZHANG Q, 2013. Stock trading rules under a switchable market [J]. Mathematical Control & Related Fields, 3 (2): 209-231.

OKSENDAL B, 2013. Stochastic differential equations: an introduction with applications[M]. Berlin: Springer Science & Business Media.

PEPELYSHEV A, POLUNCHENKO A, 2017. Real-time financial surveillance via quickest change-point detection methods [J]. Statistics and Its Interface, 10 (1): 93-106.

PESKIR G, SHIRYAEV A, 2006. Optimal stopping and free-boundary problems [M]. New York: Springer.

POLLAK M, 1985. Optimal detection of a change in distribution [J]. The Annals of Statistics: 206-227.

POLLAK M, Tartakovsky A G, 2009. Optimality properties of the shiryaev-roberts procedure [J]. Statistica Sinica: 1729-1739.

POLUNCHENKO A S, TARTAKOVSKY A G, 2012. State-of-the-art in sequential changepoint detection [J]. Methodology & Computing in Applied Probability, 14 (3): 649-684.

POON S H, ROCKINGER M, TAWN J, 2004. Extreme value dependence in financial markets: Diagnostics, models, and financial implications [J]. The Review of Financial Studies, 17 (2): 581-610.

RESNICK S I, 1997. Heavy tail modeling and teletraffic data [J]. Annals of Statistics, 25 (5): 1805-1849.

ROBERTS S W, 1966. A comparison of some control chart procedures [J]. Technometrics, 8 (3): 411-430.

ROUWENHORST K G, 1998. International momentum strategies [J]. The Journal of Finance, 53 (1): 267-284.

SANTOS P A, ALVES M F, 2013. Forecasting value-at-risk with a duration-based pot method [J]. Mathematics and Computers in Simulation, 94: 295-309.

SHAMPINE L F, THOMPSON S, 2001. Solving ddes in matlab [J]. Applied Numerical Mathematics, 37 (4): 441-458.

SHIRYAEV, A N, 2006. Some exact formulas in a "disorder" problem [J]. Theory of Probability & Its Applications, 10 (2): 348-354.

SHIRYAEV A, XU Z, ZHOU X Y, 2008. Thou shalt buy and hold [J]. Quantitative Finance, 8 (8): 765-776.

SHIRYAEV A N, 1963. On optimum methods in quickest detection problems [J]. Theory of Probability & Its Applications, 8 (1): 22-46.

SHIRYAEV A N, 2019. Stochastic disorder problems: volume 93 [M]. New York: Springer.

SHIRYAEV A N, ZHITLUKHIN M, ZIEMBA W T, 2014. When to sell apple and the nasdaq? trading bubbles with a stochastic disorder model [J]. The Journal of Portfolio Management, 40 (2): 54-63.

SOH Y S, CHANDRASEKARAN V, 2015. High-dimensional change-point estimation: Combining filtering with convex optimization [J]. Applied and Computational Harmonic Analysis.

STEIN J C, 1996. Rational capital budgeting in an irrational world[J]. Scholarly Articles.

SUBRAHMANYAM A, TITMAN S, 1999. The going public decision and the development of financial markets [J]. The Journal of Finance, 54 (3): 1045-1082.

SUBRAHMANYAM A, TITMAN S, 2001. Feedback from stock prices to cash flows[J]. The Journal of Finance, 56 (6): 2389-2413.

TAYLOR J W, 2008. Using exponentially weighted quantile regression to estimate value at risk and expected shortfall [J]. Journal of Financial Econometrics, 6 (3): 382-406.

WURGLER J, 2000. Financial markets and the allocation of capital [J]. Journal of Financial economics, 58 (1-2): 187-214.

XU Z Q, YI F, 2020. Optimal redeeming strategy of stock loans under drift uncertainty [J]. Mathematics of Operations Research, 45 (1): 384-401.

YANG H, HADJILIADIS O, LUDKOVSKI M, 2017. Quickest detection in the wiener disorder problem with post-change uncertainty [J]. Stochastics, 89 (3-4).

ZERVOS M, JOHNSON T C, Alazemi F, 2013. Buy-low and sell-high investment strategies [J]. Mathematical Finance: An International Journal of Mathematics, Statistics and Financial Economics, 23 (3): 560-578.

ZHANG H, ZHANG Q, 2008. Trading a mean-reverting asset: Buy low and sell high[J]. Automatica, 44 (6): 1511-1518.

ZHANG Q, 2001. Stock trading: An optimal selling rule [J]. SIAM Journal on Control and Optimization, 40 (1): 64-87.

ZHITLUKHIN M V, SHIRYAEV A, 2011. A bayesian sequential testing problem of three hypotheses for brownian motion [J]. Statistics & Risk Modeling, 28 (3): 227-249.

ZUO L, 2016. The informational feedback effect of stock prices on management forecasts[J]. Journal of Accounting and Economics, 61 (2-3): 391-413.